社會叢林的生存守則

14 個大人必備濾鏡，
幫你看清
人生、職場、商場、關係的真相

水木然｜著

高寶書版集團

目錄
Contents

前言

世界上最大的監獄，是人的思想。

我們都活在自己的思考框架裡，總是習慣於用固化的邏輯進行思考，這就是思考定式。

世界上最大的牢籠，是人的認知。

我們總把自己的認知邊界當成世界的邊界，於是目光所到之處皆是圍牆，自己把自己終身囚禁，這就是坐井觀天。

世界上最大的設限，是自我設限。

真正限制我們成長和進步的，不是找不到答案，而是滿腦子標準答案；不是「我不知道」，而是「我知道」。

發現自己的無知，需要相當程度的認知。

人生最大的幸運，是遇到一個人或者一本書，澈底打開我們的認知局限。以全新開放的眼光審視自己和世界，很多問題就豁然開朗了。

就像撥開雲霧見青天，讓你剎那間看透萬物真諦和人生真相，妙不可言。
這就是本書的意義。

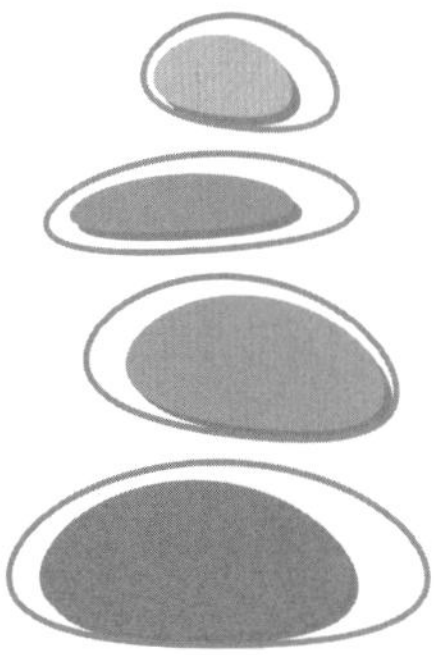

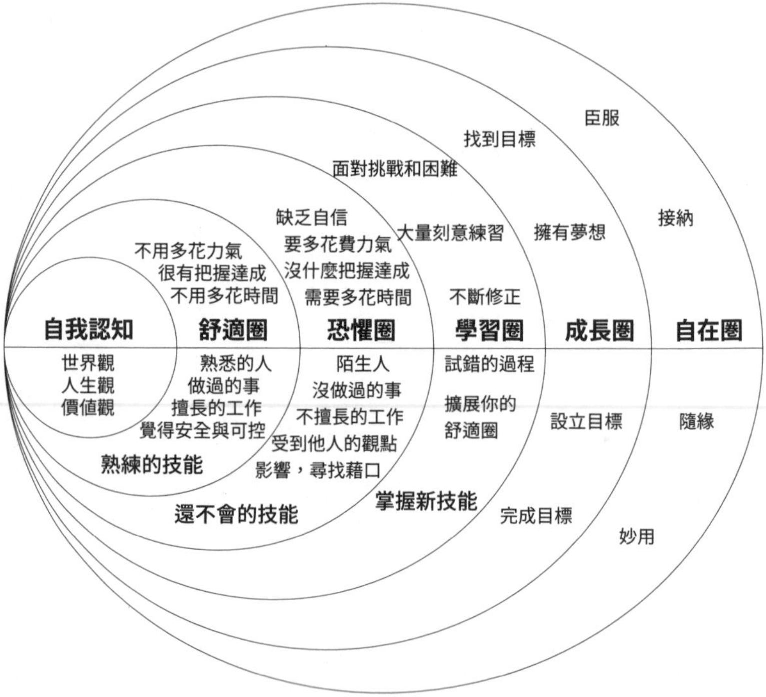

圖 1　人生，就是一個不斷突破認知的過程

PART 1

了解你即將踏入世界的真相本質

第一章

決定你生涯起點的底層邏輯

底層邏輯，

決定一個人的思考模式，

決定一個人的行為特點，

決定一個人的能力結構，

甚至決定一個人的命運。

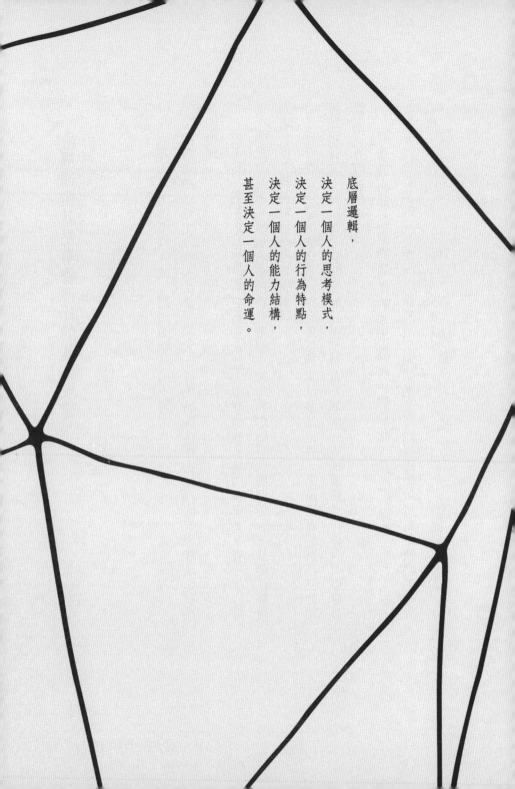

底層邏輯就是事物運作的基本規律

人和人最大的不同，是「底層邏輯」的不同。

底層邏輯，決定一個人的思考模式、行為特點、能力結構，甚至能決定一個人的命運。

巴菲特（Warren Edward Buffett）說，要想澈底了解這個世界，有一個好辦法：先把自身所在領域的事情研究透澈，挖出其中的「底層邏輯」，只要你能做到這一步，就很容易搞定其他領域。

巴菲特這句話的意思是，如果你依然無法參透世界，那是因為你對自己的領域領悟得還不夠透澈。只要你能挖掘到自身領域的「底層邏輯」，你就可以窺見整個世界的真相。

底層邏輯就是事物運作的基本規律，類似孔子說的「禮」，老子說的「道」，佛祖說的「智慧」。儒釋道三家講的全是底層邏輯，這就是他們的偉大之處。

世界上每個領域都有自己的專業知識，大千世界的知識林林總總，但是個個領域的底層邏輯都是共通的，事物越深挖，越接近底層，而且道理越簡單，因為底層邏輯就是「規律」，規律是不分行業的，四海皆準。

請記住，無論你在多麼傳統的行業，只要你能搞懂本行的底層邏輯，就能看穿其他行業。知識和技能分領域，但規律和本質是不分領域的。

一旦掌握世界的「底層規律」，就可以從一滴水看到整片大海，從一棵樹看到整片森林，從一粒沙子看到整個沙漠。一旦你擁有這種能力，就可以一眼看穿各種事物的本質，在個個領域間自由穿梭。

學習「無用」更勝「有用」的基礎

現代人越來越迷戀聽起來「高大上」的專業技能，比如考大學的學生都希望報考金融、經濟、管理、行銷等科系；而創業的企業家喜歡研究戰略、股權、商業模式等專業領域。

而實際上，這些越是看起來最有用、最容易賺大錢的學科，往往也是最「無用」的。因為這些學科不過是「底層邏輯」的外部表現，其中的內容和概念看起來「高大上」，把一般大眾唬得一愣一愣，其實都是基本規律的演繹。新概念層出不窮，日新月異，掌握再多的概念都不如掌握本質和規律。

那些越是看起來「無用」的學科，比如歷史、哲學、數學、自然科學等基礎學科，反而越能讓人提升，因為其中講述的是人性和社會的「底層邏輯」。只有把底層基礎打好了，才能建立「高大上」的上層建築，才能瞬間看到本質，抓住要點，以不變應萬變。

因此，學習千萬不能只學那些實用的工具書，而是要深入研究數學、物理、生物、歷史等基礎學科，把基本知識學好，自然就能看透社會上那些虛假的概念，抓住本質和精髓；這也是華為創始人任正非強調基礎學科重要性的原因。

沒有一門基礎學科是多餘的：

數學鍛鍊你的邏輯，讓你把事情想清楚；

語文陶冶你的性情，讓你把事情表達清楚；

化學讓你學會見微知著；歷史讓你看懂規律；地理提升宏觀思考……

唯有掌握底層邏輯，才能以不變應萬變，撥開紛亂複雜的概念，直擊本質和要害。

隨時隨地洞悉他人的思考法

一個人掌握「底層邏輯」的表現，就是「思考模式」變得開放和健康。

有句話說，如果沒有深度思考，所有的努力都是無效的。

同樣的邏輯，如果沒有健康的思考模式，所有的深度思考都是無效的。

最健康的思考模式，就是——辯證思考。

什麼是辯證思考呢？來看圖2。

真正高手的思考模式就像太極圖，其中的「一陰一陽」指的是：擅長抓住事物的兩大矛盾，同時又能找到這兩大矛盾的對立和統一的

圖 2　太極圖

關係。

舉例來說：

什麼叫愛？

就是用對方需要的方式表達你的好，而不是用自以為好的方式強加於人。

什麼叫溝通？

就是用對方的語言講述你的道理，而不是用自己的語言講述自己的道理。

什麼叫辯論？

就是用對方的邏輯證明你的觀點，而不是用自己的邏輯證明自己的觀點。

什麼叫銷售？

就是讓客戶覺得他占了你的便宜，而不是把自認為便宜的東西賣給客戶。

什麼叫好感？

就是讓他人覺得他在你眼中有多麼優秀，而不是自己證明自己有多優秀。

什麼叫理解？

就是用對方的立場看待自己的觀點，而不是站在自己的立場強調自我感受。

真正的高手，在任何時候都善於洞察他人，比如他人的需要、他人的語言、他人的邏輯、他人的感受、他人的優點、他人的立場等。把「自己的價值」和

「他人的需要」結合在一起，把「自己的道理」和「他人的語言」結合在一起，把「自己的觀點」和「他人的邏輯」結合在一起……這就是陰與陽的結合，符合《易經》「一陰一陽之謂道」的定義，符合辯證法。

如果勉強把兩個陽或者兩個陰結合在一起，就不符合辯證思考了。比如你跟他人溝通，卻只站在你的立場說自己的道理，這叫自說自話；在社交場合，拚命證明自己多麼優秀，只會引起他人戒備……如此一來，便少了「陰」和「陽」的對立和統一。孤陰不生，孤陽不長，不符合辯證思考。

世間萬物都處於「陰」和「陽」的不斷轉化之中，中國自古即有辯證思考，比如「否極泰來，苦盡甘來」，比如「居安思危，居危思安」，比如「禍兮福之所倚，福兮禍之所伏」，比如「塞翁失馬，焉知非福」……

想一想提神醒腦——不知不覺成為韭菜

為什麼現代人越來越迷茫，而且總是遭各種手法收割？

因為一般人都在「棄道求術」。

什麼是術？

方法、技巧、技術，叫「術」。

什麼是道？

本質、原理、規律，叫「道」。

「術」是教你怎麼做。

「道」是告訴你為什麼要這麼做。

所謂「萬變不離其宗」，這裡的萬變是術，宗就是道。

底層邏輯強大的表現，就是不再被知識束縛，而是超越知識。

李小龍練截拳道曾感悟：學到的東西，意味著失去的東西。你所掌握的知識和技巧，都應該遺忘。學習很重要，但不要成為其奴隸，不要試圖依靠外在的東西和技巧。唯有消除對知識和技能的依賴，你才可能成為知識和技能的主人，才能保持最佳的身心狀態——虛空、流動。

直接告訴你「答案」的人都是平庸的

幫助一個人的最好方式，就是打開他的思考枷鎖，突破他的認知枷鎖，給予他啟示，讓他自己找到答案，而不是直接告訴他答案。授人以魚，不如授人以漁。直接給對方答案，相當於剝奪對方思考的權力，一個人如果習慣於找他人要答案，而不是自己思考答案，久而久之就會變成「不會思考」的人。

凡是直接告訴你方法、技能、答案的老師、書籍、課程，都是平庸的。平庸的老師不斷告訴學生答案，讓學生不用再思考；優秀的老師不斷問學生問題，讓學生告訴老師答案，從而鍛鍊學生獨立思考的能力。

很多人懶得動腦思考，總是企圖從他人或外界找到方法，就如同求一把萬用鑰匙，讓自己不用思考（成長），躺著不動就能解決所有問題，這就是典型的找捷徑、偷懶。

方法是認知提升到一定階段後自己領悟出來的，是靠執行和實踐逐漸摸索出來的，無論多麼高明的老師或者成功人士，最多只能啟發你，真正的方法必須靠你自己去領悟。

努力掌握更多知識和技能，但最後一定要把這些都忘掉。

《金剛經》說：「一切有為法，如夢幻泡影，如露亦如電，應作如是觀。」意思是：所有寫出來的方法，都像夢幻泡影，不是永遠成立，隨時可能破滅。我們應該洞察其本質，而不是執迷於方法本身，亦即不要執著於各種表象。要掌握本質和規律，也就是「道」。

《道德經》開篇說：「道可道，非常道。」意思是：沒有人能把成功的方法真正地表達出來，即便他很想表達，但只要表達出來，那些方法就不成立了。

而這些方法和技巧，恰好是大多數人每天汲汲營營的。唯有抓住底層規律，一切表象在你面前就像夢幻泡影，你對萬事萬物，才能洞若觀火。

想一想提神醒腦——承認自己很平凡

變得非凡的三個步驟：

第一步，承認自己的平凡。

第二步，尋找內心的安靜。

第三步，發現自己的不凡。

但是絕大多數人都過不了第一關，幾乎個個自命不凡。

如果一個人不能承認自己的平凡，就無法發現自己的非凡。

同樣的道理，父母要接納孩子的平凡，才能發現孩子的非凡。

這是上帝造人最公平的邏輯。

與無知相容的智慧

智慧的第一層境界是，發現他人的無知。

世界上的芸芸眾生，多是泛泛之輩，他們嬉笑怒罵，貪嗔痴念，執迷不悟，自以為是。

要想發現大眾的無知，需要對人性有深層的覺察。

第二層境界是，發現自己的無知。

發現他人的無知，只是初等層次的智慧。發現自己的無知，則需要相當程度的認知。

承認自己無知，不僅需要更大的智慧，還需要巨大的勇氣。

一個人知道得越多，未知的世界就越大。這種人永遠把自己當成井底之蛙，每天都在仰望星空，期待能夠突破自己的認知局限。

正如蘇格拉底（Socrates）所說：我唯一知道的，就是我一無所知。

第三層境界是，跟無知和諧相處。

發現他人和自己的無知，確實是很大的智慧，但這種智慧也是一個人最大的枷鎖。能否衝破這道枷鎖，是一個人能否幸福生活的關鍵。

很多人到了這一步就恃才傲物，總想遠離世俗。其實世界上最大的智慧，不是發現無知，而是相容無知。

所謂相容，就是隨時降低次元。遇到任何人，都能順暢溝通，和諧相處。這就是「大我無我」。因為無我，才沒有「我執」，才遠離人間痛苦。

你不需要「聰明」也能看清世界真相

一個人要想看清世界的真相，只有兩個途徑：

第一，足夠聰明。

第二，足夠善良。

當一個人足夠聰明，他在面對大千世界時就能保持理智和冷靜，就能透過各種資訊看穿世界上的各種局，從而不被操控。

當一個人足夠善良，他在面對他人痛苦時就能感同身受，對弱者有著與生俱來的同理心，從而也能體驗到真實的世界。

兩者的區別在於：聰明是一種天賦，是先天的，往往是我們無法改變的。善良是一種選擇，是後天的，是我們隨時可以做出的抉擇，哪怕是一念之間。

關鍵問題在於：善良其實比聰明更難，畢竟天賦與生俱來，對有些人來說是信手拈來的，而善良的選擇需要抵抗各種誘惑。

如果一不小心，你還可能被天賦所誘惑，從而影響到你做出的選擇。世界上只有極少數天才有「聰明」這種天賦，作為一個普通人，我們看到真相的可靠路徑就是透過「善良」。

01．臨淵羨魚，不如退而結網

如今錢越來越不好賺，大家都在尋找出路，最令人痛心的是：我們寧可把精力花在尋找新的捷徑，也不願意花在提升自己；我們寧可把聰明都花在玩新花樣，也不願意花在改進產品、服務的品質。直播導購、社群商務、短影音等，都是在變著花樣賣東西，卻很少有人願意靜下心來做產品，更少人願意沉澱下來去學習。其實越是這樣，越賺不到錢，這是社會發展的必然。

上帝為什麼懲罰漁夫一直捕不到魚？因為只有讓漁夫完全捕不到魚，他們才會退而結網。

為什麼現代人越來越浮躁，又賺不到錢？因為之前的發展模式太野蠻了，都是那些沒有文化、只有膽識的人在發財。

貓吃到魚，從此對腥味念念不忘；賊偷到錢，自然會滋長不勞而獲的僥倖心理！

02．什麼樣的人最幸福

一個人的實力結構如何，才能獲得最高的幸福感？

認知最高，能力其次，財富再次之，欲望最小，這是幸福感最高的結構組合。

然而絕大多數人的實力結構相反：欲望最高，財富次之，能力再次之，認知最低。所以才痛苦無比，每天焦躁不堪。

03．其實我比你更慘

有些時候，安慰一個人最好的辦法，是告訴他：其實我比你還慘。

千萬不要一直講大道理，只會讓對方覺得自己真的很慘。

他人來討拍，其實是在變相問你：我真的很慘嗎？

這時你只要讓對方明白兩件事：

第一，活著很不容易，你看身邊哪個人不苦？

第二，我的光鮮只是外表，我其實比你苦多了。

如此他反而會釋然。

如果你用同情的語氣安慰他：「明天會更好，你也會跟大家一樣好。」他只會更加傷心，因為這證明了他的失敗。

這就是人性，我可以很失敗，但我不能承認自己的失敗。我希望看到的是：大家其實都很失敗，這樣才會心安理得。

世界上有那麼多比自己還慘的人，我還有什麼好傷心的？應該暗自慶幸才對。

總之，不是每個失敗者都值得憐憫和同情，不是每個失敗者都願意面對真相，他們寧可自欺欺人，生活在自我安慰裡。

04 · 免費的才是最貴的

網際網路公司為什麼要先燒錢做用戶補貼？就是先讓消費者占小便宜，等到消費者離不開平臺，也就是壟斷市場之後，再讓消費者加倍奉還。

為什麼很多產品虧本還賣？為什麼免費的才是最貴的？為什麼要利潤後延？都出於這個原因。

我們所占的每一分便宜，總有一天會加倍奉還。

同事之間，朋友之間，合作夥伴之間，都遵循這個邏輯。

05．唯一能做的，是做個好人

誰比你更了解你自己？購物網站知道你想買什麼，通訊軟體知道你在聊什麼，社群媒體知道你在看什麼，外送平臺知道你想吃什麼，搜尋引擎知道你在搜什麼，叫車平臺知道你想去哪裡……

未來也許每個人都是透明的：每一天、每一個行為都被精準記錄下來，你去了什麼地方，做了什麼事，結交了哪些人，一年收入多少，繳納多少稅，有沒有不法收入等，所有財富的來龍去脈都一清二楚。

我們唯一能做的，就是做個好人。

光明磊落，是每個人最好的通行證。

06．肢體的狂歡與大腦的喧囂

如果你去一個場合，其中充斥著令人激動的音樂和燈光，學員們個個手舞足蹈，嘴裡喊著同樣的口號，做著同樣的動作，這些人的身體盡情狂歡，大腦卻早已停止思考。大腦被操控，就是被洗腦。

如果你去一個場合，裡面特別安靜，除了對話之外再無其他聲音，在場的人個個安靜，表情各異，這些人外表雖然冷靜，但大腦都在高速運轉，每個人都在找自己的答案。自己在思考，就是在學習。

洗腦的本質，就是用肢體上的狂歡去代替大腦的懶惰。

教育的本質，就是讓一切都停下來，留給大腦思考的空間。

洗腦，是透過各自干擾，不讓你思考。

教育，是透過彼此幫助，啟發你思考。

洗腦，讓人盲從，成為他人的工具。

教育，讓人思考，成為自己的主人。

07．你求錢，還是錢求你

會賺錢，不如讓自己更值錢。

賺錢是外求的結果，值錢是內求的結果。

賺錢是你求錢，值錢是錢求你。

舉例來說：

大部分人每天都在砍柴，卻從來不磨刀。

砍柴就是外求，磨刀就是內求。

富人和窮人有什麼區別呢？

富人至少花百分之八十的精力去磨刀，然後只需要花百分之二十的精力去砍柴。

他們不鳴則已，一鳴驚人。

而窮人基本上把百分之百的精力都用在砍柴上，他們每天只盯著眼前的小便宜，從不想如何提升自己的能力。

08．參透規律，就能得道

錢的背後是——產品和服務。

把產品和服務做到極致，錢自然就來了。

產品和服務的背後是——心性。

人有了匠心和耐心，自然就能做出極致的產品。

心性的背後是——修為。

人修到了一定程度，自然就會踏實上進，品行端正。

修為的背後是——道。

人參透了萬物變化的本質和規律，自然就會「得道」。

09．用確定性對抗不確定性

人的安全感和幸福感，往往來自「確定性」，但現代社會的「不確定性」卻越來越強。

不過，對自己的確定性，可以抵抗外界的不確定性。

什麼叫做對自己的確定性呢？

你確定自己能做好哪些事，做不好哪些事；這是你對自己能力的確定。

你確定自己知道哪些事，確定自己不知道哪些事；這是對自己認知的確定。

你確定自己的特長是什麼，短處是什麼；這是對自己天賦的確定。

你確定哪些才是你最想要的，這是對自己目標的確定。

你確定想成為什麼樣的人，這是對自己定位的確定。

你確定自己現在處於什麼階段，這是對自己當下狀態的確定。

你確定自己適合跟什麼樣的人在一起，這是對自己性情的確定。

我們對自己越確定，就越不用擔心世界的不確定性。

10 ·「善良」還是「缺乏智慧」？

很多人問：做一個好人，或者憑良心做事，能賺到錢嗎？

凡是發出這種疑問的人，基本上不會太成功。

其實，人之所以不成功往往是智慧的問題，然而太多人喜歡把「智慧」的問題，歸結到了「良心」上。

這就是基本歸因謬誤：明明是因為自己「缺乏智慧」，卻總是懷疑自己是不是「太善良」，這是很多人常犯的錯誤。因為「太善良」聽起來比「缺乏智慧」好多了。

這就是人性，哪怕失敗，也要為自己找一個冠冕堂皇的理由，讓自己看起來不至於那麼失敗——至少我還是一個善良的人。

這就是自欺欺人，寧可證明他人的成功是靠不擇手段，也不願意審視自己失敗的真正原因。

11．真正的起點

作為一名家長，當你不再是帶領孩子成長，而是從孩子身上領悟到自己需要成長，教育才真正開始。孩子讓你最頭痛的地方，就是你最需要療癒的地方。

作為一名老師，當你不再告訴學生答案，而是激發學生思考，然後讓學生告訴你答案，課堂才真正開始。切記，從來沒有愚蠢的問題，只有愚蠢的回答。

作為一個老闆，當你不再為了自己賺錢，而是努力讓員工過上好日子，管理才真正開始。

作為一個商人，當你不再為了追求利潤，而是為了幫助客戶解決問題，你的生意才剛剛開始。

第二章

人生的曲線要從低谷向上

讀懂人生成長曲線圖，
就能深刻洞見社會的真相。

從愚昧之巔到絕望之谷

圖3是人生成長曲線圖，看懂這張圖，就能深刻洞見社會的真相。

其中呈現出商業、愛情、管理等的本質，接著就來詳細解讀一下這張圖：

橫坐標代表一個人的認知水準，縱坐標代表一個人的自信程度，一共分為三大類型。

第一類人，介於0到A之間，數量占多數。

這種人外表看起來是成年人，

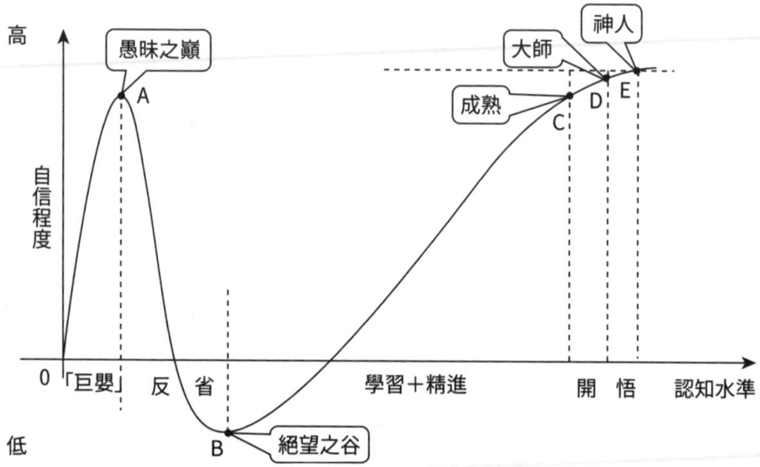

圖3　人生成長曲線圖

但心理還停留在嬰兒階段，也就是「巨嬰」。他們每天都需要心理安慰，活在假象裡，自以為是，最終屹立在「愚昧之巔」。

站在愚昧的巔峰，他們更加目中無人，時刻以自我為中心，逢人就證明自己，滔滔不絕，口若懸河，喜歡被誇獎和讚美。

他們看起來很有「自信」，但這種自信不堪一擊，因為他們深怕受人質疑，一旦被質疑就會惱羞成怒。這不叫自信，而是「無知者無畏」。

當然，他們可能已經取得一定的「成就」，甚至是年少成名，但這種成就往往是基於運氣，而不是實力。也正是因為運氣帶來的成就，讓他們更加看不清自己和世界的真相。

這種人總有一天會因為得意忘形而遭遇重大挫折，比如遭人背叛、戰略失誤、投資失利等，爬得越高，摔得越重，他們會一下子從巔峰摔到谷底，亦即圖中的B點：「絕望之谷」。

如此就進入第二類人的範疇，指的是那些因為看不清真相而遭受巨大現實打擊且重新審視自己和世界的人。

人到了B點後，只有兩條出路。第一條是從此一蹶不振，再也爬不起來，並開始憤世嫉俗，一輩子活在失敗的陰影下。

第二條出路就是痛定思痛，反思自己為什麼會跌倒，總結教訓後重新站起來，這種人擁有「谷底反彈」的能力，他們拍一拍身上的泥土，再次踏上人生的征途。

他們不再好大喜功，腳踏實地前行，從B點一步步往上爬。他們一邊學習，一邊實踐；實事求是地看待周圍的一切，一邊提升認知，一邊以認知作為行為的準則。

這一類人中有一小部分經歷艱難險阻，攀登到C點，第三類人於焉誕生。

這一類人經歷人生波折，又透過日積月累的刻苦修行，終於成為成熟的人。此時的他們淡定又從容，對世事的規律了然於胸，對人性的善惡洞若觀火，且終於看清世界和人生的真相。

只有極少數人能抵達C點，也就是說——只有極少數人才能看到真相。

這類人抵達C點後，繼續往上爬，為了無限接近最上面那條曲線，那條曲線就是人類的極限，代表真理。

有意思的是，人越往上爬，越發現自己的無知。蘇格拉底說：「我唯一知道的，就是我一無所知。」因為你知道得越多，會發現自己知道得越少，越覺得自己渺小，也會越謙卑。

從A到B再到C，就是人心智逐漸成熟的過程。

世界上大多數人都在0到A之間，亦即第一類人；其中一小部分經歷挫折後重啟人生，一點點往上爬，成為第二類人；之後只有極少數人能爬到C，領略人間真正的風光，成為第三類人。

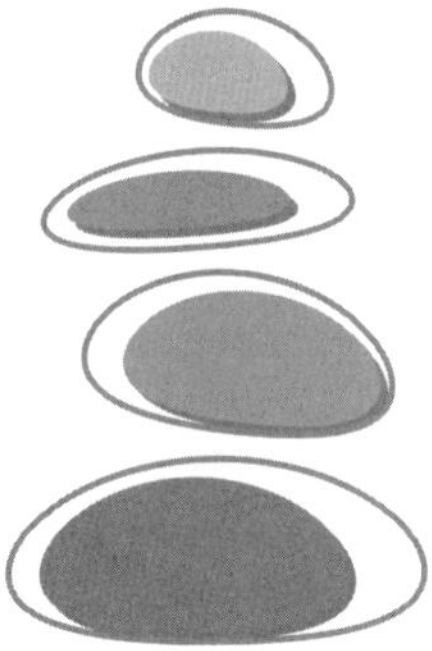

你的「愛」是真的「愛」嗎？

先來思考一個問題：

為什麼世界上的真愛那麼少？

真愛只發生在兩個圓滿且成熟的個體之間，也就是兩個C（第三類人）相遇，才能產生真正的愛情。

為什麼呢？因為唯有一個人實現自我圓滿，做到愛自己，愛滿則溢，然後才能真正對他人好，做到「利他」，學會愛他人，愛世界。

比如第一類人，內心是殘缺的，匱乏的，他們怎麼可能去愛他人？很多人在剛開始相愛的時候，口口聲聲說愛你，但是到了一定階段往往會要求你做這做那，或者明令禁止你不能去做什麼，生怕你不受他控制，這就是內心匱乏的表現。

這也是「巨嬰」的最大心理特徵。由於內心殘缺，所以很容易對他人產生依賴，然後又很容易把這種依賴當成是「愛」。

世上不少的愛情是兩個殘缺個體（第一類人）的摩擦與碰撞，從而產生愛恨情仇。他們張嘴閉嘴都是「愛」，卿卿我我都是「情」，卻不過是兩個「巨嬰」之間的相生相剋，最後注定是一場悲劇。

這種悲劇關係不僅體現在男女關係，也廣泛存在於人類的一切關係中，比如友情、親子、職場等，把「依賴」當成「愛」是人最大的執念。

世界上所有好的關係，只發生在成熟的個體（第三類人）之間，愛情、友情、親情、合作都是如此。

所謂成熟的個體，意味著實現三種獨立：財富獨立、人格獨立、精神獨立。

第一類人若是想跟他人構建健康的社會關係，必須先完成一個任務：讓自己成熟。關係的雙方有一方不成熟，就需要另一方去擔待，這是依賴型關係；雙方都不成熟，就是互相傷害。

一個人無法獨立，就會本能地依賴和尋找他人。一旦遇到自己可以依賴的人，便認為自己的幸福有歸屬了，這就是典型的外求。

看看第一類人的行為特徵：他們沒辦法賦予自己安全感、存在感、幸福感，所以嚴重依賴外界和他人，需要透過他人為自己帶來這些感覺。

但世界上沒有任何人是為你而生的，如果對方一直付出和照顧，總有一天會感到心累，他可以照顧你三五天甚至三五年，但不可能照顧你一輩子。

很多人受傷之後四處哭喊，卻始終不明白一個道理：人在成熟之前，建立的一切關係都是錯的，每個人都將為自己的不成熟買單。

看看那些「巨嬰」，他們口口聲聲都是愛，其實是把占有當愛情，把索取當成長，把依賴當互助，他們總是向外索求，從不自我審視，打著愛的旗幟自相殘殺。人間無數的悲劇，都是由此而起。

既然真愛只發生在兩個成熟的個體之間，而在芸芸眾生中真正成熟又獨立的人極少，相遇的機率自然更低，這就是真愛如此稀有的原因。

永遠把自己放在最低點

上述三類人有不同的表現行為。

《道德經》說：「上士聞道，勤而行之；中士聞道，若存若亡；下士聞道，大笑之。不笑不足以為道。」

意思是，第三類人聽見真理後，馬上去實踐；第二類人聽見真理後，思考一下是真是假；第一類人聽見真理後，哈哈大笑，說這簡直就是笑話。

反過來說，如果你講的道理，不能讓第一類人聽完後哈哈大笑，就不是真理。

對待第一類人，最好的辦法是透過「情緒」。投其所好，不斷迎合他們的需求，他們就會如飛蛾撲火般湧來，義無反顧地追隨你。

對待第二類人，最好的辦法是透過「道理」。他們有一定的獨立思考能力，讓他們知其然，也知其所以然，對他們曉之以理，動之以情，才能為你所用。

對待第三類人，最好的辦法是透過「忠誠」。對這類人「投其所好」是沒有用的，否則就不是第三類人了。我們只要對他們無條件地相信和跟隨即可。

有意思的是，凡是自稱第三類的人，往往都是第一類人。因為真正的第三類人，會把自己放在谷底。他們明白只有時刻把自己放在最低，才能更好地成長。而很多第一類人為了賺錢，假扮成大師（第三類人），去迷惑第一類人。因此那些自稱「大師」的人，往往都是詐騙分子。

《易經》六十四卦中唯一一個沒有任何害處的卦象就是「謙卦」。「謙卦」即「絕望之谷」，也就是永遠把自己放在最低的位置，仰望每一個人。這樣做百利而無一害。

《聖經》說：「世人皆有罪。」因為每個人生下來就是一個「巨嬰」，當然有原罪。

佛祖說：「眾生皆苦。」因為每個人都有貪嗔痴，必須經過刻苦修行才能走向開悟，抵達人生的彼岸。

道家認為，所有人都是迷人（迷途中的人），必須經過修行，抓住世界的規律，也就是「得道」，才能成為真人。

佛家講「空」，「色即是空，空即是色」。道家講「無」，「致虛極，守靜篤，萬物並作，吾以觀其」。兩者都是教導我們：人生最好的狀態就是把自己清空，破除內心的偏見和執念，整個人就像一個超導體，高次元的能量才會流進來。

攀上人生成長曲線的頂點

以下思考一個問題：

既然只有極少數人能成為成熟的人，那麼沿著這條開悟之坡繼續攀爬，再往上提升會變成什麼人？

當然，這條路越往後越難攀登，就好比一個作品（產品）從〇到九九分可以靠時間和精力完成，但是從九九分到九九．九分，乃至九九．九九分，則只能靠一個人的熱情和天賦完成。

因此，這條路上越走人越少。如果一個人能繼續提升到D點，就可以成為真正的大師。

如果繼續提升，一旦超越那條虛線，來到E點，就超越了人的範疇，成為神人。

這樣的人雖然少之又少，但並非沒有。人類史上至少有三個人超越了那條虛線，分別是：釋迦牟尼、老子和耶穌。

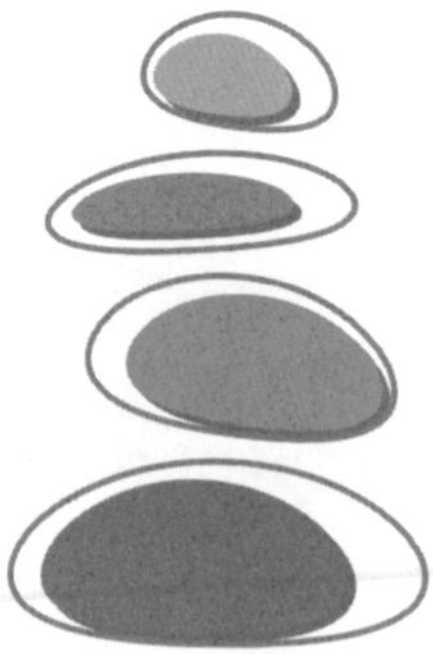

想一想提神醒腦——人生的三種境界

第一種境界：看山是山。

昨夜西風凋碧樹，獨上高樓，望盡天涯路。

這是躊躇滿志，得意洋洋的樣子。

第二種境界：看山不是山。

衣帶漸寬終不悔，為伊消得人憔悴。

這是經歷挫折之後的反思狀態。

第三種境界：看山還是山。

眾裡尋他千百度，驀然回首，那人卻在燈火闌珊處。

這是刻苦修行之後的結果，體現一種超然的心境。

寵辱不驚，看庭前花開花落；去留無意，望天上雲捲雲舒。

不要盲目叫醒一個沉睡的人

世界上很多人都是迷惘的「巨嬰」，昏睡麻木，只有少數人的頭腦是清醒、理智的。

這世界始終被少數人推著走，其餘的人總在酣睡。等酣睡的人一覺醒來，才發現世界完全變了。

而且大多數人不是被喚醒的，而是被自己痛醒的。在他毫無痛感之前，你若去喚醒他，他一定認為是你有問題。

一個人的覺醒，百分之一靠他人提醒，百分之九十九靠社會千刀萬剮。因此，你永遠叫不醒一個裝睡的人。

即便你再怎麼喚他，他是否願意醒還是個問題。因為他們活著就是為了睡得更香，而不是為了覺醒。

一個人需要多大的福德，才能被喚醒，從而清醒地活著？

他們得有多大的勇氣和智慧，才會在覺醒過程中不因自我挫折而跑開？

你又背負了多大的使命，擁有多大的能量，才敢去喚醒這些沉睡的人？
即便你有再大的能力，也不可能魔法棒一揮，就讓他開悟。

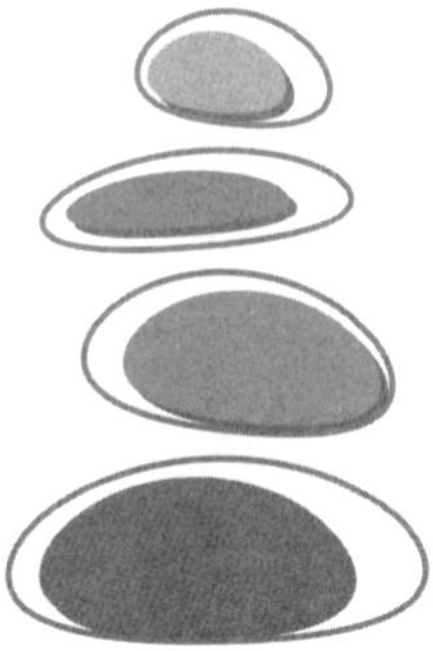

想一想提神醒腦——最窩囊的人

你見過最窩囊的人，是什麼樣子？

他們往往有以下特點：

· 只是身體成年，內心卻還是嬰兒，嗷嗷待哺。
· 放棄成長，追求捷徑和訣竅，迷信成功學和雞湯。
· 聽不進任何道理，只想得到好處和利益。
· 抵觸一切變化，渴望安逸、躺著賺。
· 想同時做很多事，卻又想立即看到效果。
· 欲望遠遠大於能力，又極度缺乏耐心。
· 把一切責任都推給環境和外界，怨天尤人。
· 整天為現狀焦慮，卻沒有毅力改變自己。
· 最大的痛苦，是看到他人成功而痛苦。

．需要不斷被認可和誇獎，從而獲得存在感。
．經常一頭熱地去學習，卻只能維持三分鐘熱度。
．動不動就責怪身邊人不夠好，卻從不反思自己。
．渴望得到幸運之神的垂青，卻不提升自己的能力。
．從來不主動思考，企圖向外界尋求方法。
．寧可沉溺於美麗的謊言，也不願意面對殘酷的現實。
．只能看到眼前的小利益，卻從不想打開「思想的牢籠」。
．不停刷影片、看直播，緩解自己的焦慮情緒。
．一有時間就對著手機玩遊戲，卻囑咐孩子好好學習。
．還沒經歷過世事滄桑，卻已消磨掉少年的勇氣。
．尚未擁有百毒不侵的內心，卻已喪失熱淚盈眶的能力。

第三章

這是一個講究價值規律的時代

未來得到一件好東西
（機會、職位、工具）的最好方式，
就是努力讓自己配得上這些東西。

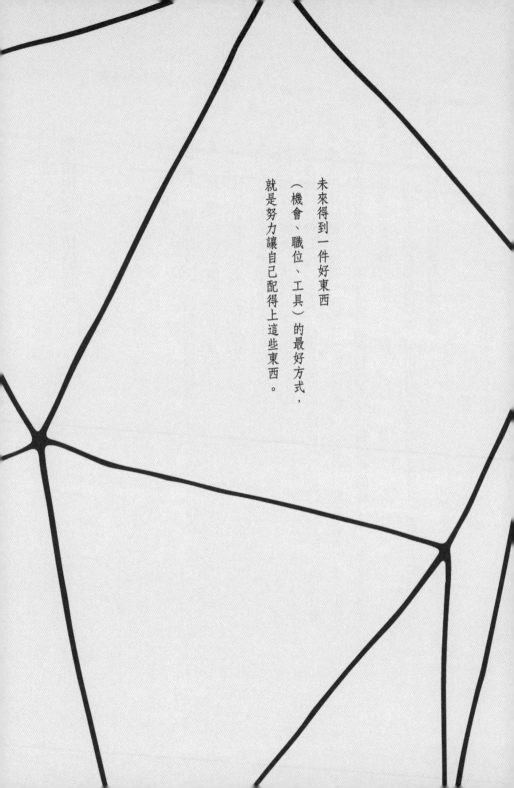

價值決定一切的時代

假設一個場景：

酒吧裡，一位美麗又大方的美女獨自飲酒，有三位男士同時看上她。

A男士很優秀，但不懂追女生的方法。

B男士條件中等，但是非常刻苦努力。

C男士條件最差，但精通追女生的技巧。

他們三個都想娶她，請問美女最後嫁給了誰？

在思考這個問題之前，先看一個著名的寇斯定理（Coase Theorem，由諾貝爾經濟學獎得主羅納德・寇斯〔Ronald Harry Coase〕命名）：只要產權明確，且交易成本為零或者很小，一項有價值的資源，不管一開始產權屬於誰，最後這項資源都會流向能使其價值最大化的人手裡。

比如，開採鑽石的雖然是礦工，但鑽石最後都為富豪擁有；蓋房子的雖然是建築工人，但房子最後都為有錢人享有。

按照這個邏輯，回到本章開頭的問題，請問那個美女最後嫁給誰？過往的各種現實告訴我們，這個美女會選擇B或者C，但不會選最配得上她的A男士。

為什麼呢？

難道寇斯定理是個偽定理？

請注意，寇斯定理有個重要前提：交易成本為零或者很小。什麼是交易成本為零或者很小？就是很容易找到最合適的東西，或者不需要再透過仲介或特殊管道就能找到這些東西，交易成本便接近於零。

如果得花錢才能找到，或者付錢給仲介才能找到，或者得買通擁有這些東西的獨家管道，交易成本便比較高。

在這種狀態下，往往是「不擇手段」的人更容易成功。為什麼呢？因為他們的交易成本低。人一旦「不擇手段」，就會千方百計地突破原則和底線，進而更容易搶占先機，跟目標直接建立連結。比如案例中的C男士（條件最差，卻最擅長追女性，最懂技巧）。

面對那個美女，優秀的A男士往往比較淡定，而且他太優秀，不喜歡主動出擊，然而女性大多喜歡有一個巧妙相識的開端，才覺得浪漫。

反觀C男士早就撲上去了，根本沒等A男士反應過來，就把美女約走，而且美女往往容易被一些追求招數感動。

再以商業為例，分析其中的邏輯：在改革開放初期，市場大開，很多人還沒看明白，而那些最有膽識的人率先搶灘，那是「膽識」決定一切的時代，你有多大膽，基本上就能成就多大的事。你可以沒念過書，沒有專業素質，甚至連價值觀都模糊不清，但只要你出來做了，就很容易成功。

而且當時是「粥多僧少」，誰先行動，誰抓住先機，誰就能占到好處。最好的機會也可能被最壞的人占了，就如俗話說：好白菜都被豬吃了。

這其實很正常，因為在那個時代，資訊不透明，機會不均等，資源也不是共用，交易成本非常高。這種情況下，最好的資源不是留給最會使用的人，而是給了那些膽子最大、最不擇手段、最會耍招數的人。

之前那個時代，一個人的成功跟個人能力和努力沒有太大關係，只要你夠大膽，會耍手段，就能成功。

但是現在不一樣了，網際網路越來越發達，資訊越來越對稱，中間環節越來越少，社會的交易成本越來越小，甚至趨近於零。在價值高度對稱的時代，社會的交換成本便會越來越低。

換句話說，我們越來越不需要為交易過程買單，可以直接找到自己想要的目標（資源、人群等），然後直接奔向目標。

現代社會的機會越來越均等，管道越來越公開，資源越來越透明，就如網際網路公司最喜歡喊的口號：沒有仲介商賺差價。我們越來越不需要各種仲介商，每個人都能隨時找到自己想找到的資源，交易成本越來越小，很多時候只要上網搜一下，成本趨近於零。

如此一來，寇斯定理的前提就成立了。

在資訊和價值高度對稱的時代，機會只留給最配得上的人。最好的技術（工具），一定會被最善於使用的人掌握；最有價值的思想，也一定會被最具貢獻精神的人獲取。

社會的價值交換越來越高效，社會的運轉效率大大提高，流動性越來越強，因而我們必須時時刻刻做好準備，所謂「機會留給有準備的人」，這句話終於真正成立。

如果你的價值和層次沒有做到位，即便運氣爆棚，機會一個個降臨，最終也會一個個錯過。

其實商業的本質很簡單，就是為自己的客戶提供獨有價值的東西（服務或產品），同時實現自己的收益（副產品）。你獲得收益的多少，越來越取決於你提供價值的大小，商業邏輯越來越趨近這一點。

無論科技怎麼發展，無論變化多麼劇烈，無論突發事件多麼頻繁，有一點是不變的，社會一定朝著價值最優組合的方向發展，在「演算法」的配合下，每件東西、每個人都將匹配到最合適的地方。

所以，這也是一個手段過剩的年代，人人都熟悉和掌握各種手段，而當所有人都在耍手段，那些真心實意、有價值的人，將成為最受歡迎的人。

從現在開始，機會將越來越公平，法制和法規也將越來越完善，社會告別野蠻生長期，開始朝深化、精細化發展。一個人如果想成功，就必須依靠你能創造的價值。我們正步入一個價值決定一切的時代。

你只能得到與你價值對等的東西

在一個價值高度對稱的時代，每個人只能得到和他相匹配的東西，一旦自己擁有的東西超過了自己的能力或價值，就會出現麻煩。

比如一個人的名聲不能大於才華。一旦你的名聲大於實力，就是名不副實，欺世盜名，會有災難；一個人的財富不能大於功德，一旦你的財富大於自己的功德，就是投機取巧，不勞而獲，投機取巧必招災。

也因此，未來得到一件好東西的最好方式，就是努力提升自己，讓自己配得上這些東西。投資專家蒙格（Charles Thomas Munger）過去曾說過這句話，但直到今日才真正成立。

切記：未來得到一件好東西（機會、職位、工具）的最好方式，就是努力讓自己配得上這些東西。

找到自己的定位和價值感

未來，「勞動」將成為基本需求，而不再是謀生手段。因為未來如果一個人不生產勞動，將找不到任何生存的意義，從而引發精神上的極度空虛。

這種精神上的空虛才是每個人最需要提防的問題，會使人陷入極度焦慮和無助狀態。

在物質匱乏的時代，人們最擔心的是生存問題，比如吃不飽、穿不暖、沒地方住等，然而當社會物質繁榮到一定階段，人們解決了生存問題之後，最迫切需要的，是精神上的歸屬感和存在感。

為什麼現代有些人活得像行屍走肉，靈魂無處安放，像幽靈一樣遊蕩？因為他們在時代的斷層中找不到自己的定位和價值感。

唯有透過不斷的勞動和創造，人才能充實自己的精神和靈魂，找到活著的意義。

想一想提神醒腦——正確的重複

巴菲特的合夥人蒙格認為，人不需要新的思想，只需要正確的重複（repeat what works）。

什麼是正確的重複？

第一，選對方向，用時間悄悄做槓桿；

第二，找到優勢，用效果不斷疊加。

真正的聰明人都在下笨功夫。

做自己擅長的事賺錢

對許多人來說，興趣和賺錢往往是分開的。社會高度繁榮之後，人不再靠機遇賺錢，更多的是靠個人特質賺錢，如此便離不開自己的興趣和專長。各大網路平臺崛起，也讓每個興趣都有了變現的機會，很多網紅都是這樣做起來的。

那麼如何透過自己擅長的事賺錢？

最好的方式就是：把自己最擅長的事，用他人最需要的方式去做。

我們做事不是只讓自己開心，同時也要對他人有價值，才會產生市場價值。

自己喜歡的事，可以透過刻意練習，變成對他人有價值的事。

這樣既沒有丟掉自己，又時刻關注他人，如此就符合「道」了。

三種不同層次的賺錢方式

根據賺錢方式不同，人可以分為三種：

第一種人依靠雙手養家糊口，亦即勞動。

第二種人依靠管理那些「靠勞動養家糊口的人」賺錢，亦即創業。

第三種人依靠投資那些「管理靠勞動養家糊口的人的公司」發財，亦即金融。

第一種人靠技藝，想賺更多錢，必須提高技藝的嫻熟程度，必須投入更多勞動時間。

第二種人靠管理，想賺更多錢，必須提升管理水準，必須更懂人性。

第三種人靠眼光，想賺更多錢，必須更加精準地判斷趨勢。

第一種人做事，第二種人做人，第三種人做局。

道生一，一生二，二生三，這三種不同層次的賺錢方式，組成了這個大千世界。

想一想提神醒腦——如何證明自己

第一個層次是靠穿著打扮，比如穿戴一身名牌和奢侈品，向他人證明自己實力不低。

第二個層次是靠自己的學識，比如捧著一本有深度的書，瞬間就能讓人肅然起敬。

在這個奢華遍地的年代，一本書、一番話、一段分享，更能獲得他人的認同和好感。

第四章

看透底層規律立足多變的世界

世界越來越變幻莫測，
不確定性越來越強，
但是無論怎麼發展和變化，
其底層規律不會變。

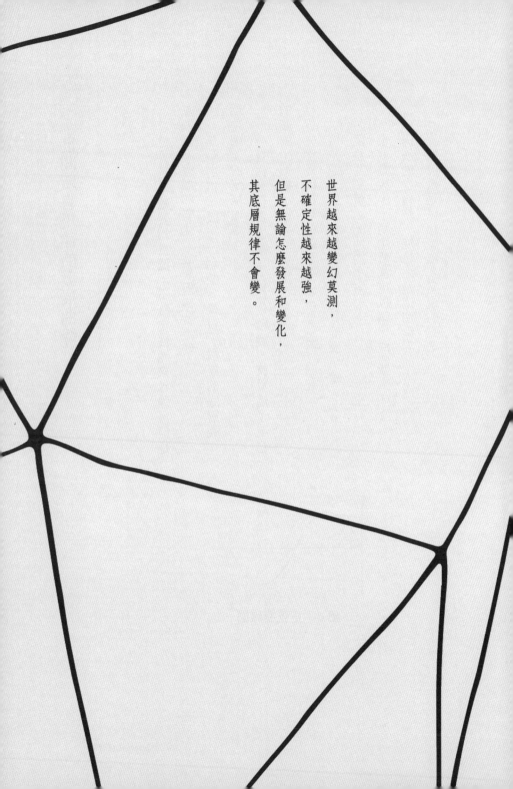

世間所有規律的發展曲線

世界越來越變幻莫測，不確定性越來越強，但是無論怎麼發展和變化，底層規律皆不變。

無論房市、股市、創業、投資，發展的底層規律都是圖4的這條曲線。

一旦你真正看懂圖4並抓住精髓，就看清了上帝的底牌，把握了世界的規律。

先從愛因斯坦的著名公式 $E=MC^2$ 講起。

這是他一生的智慧精華，極其簡練明瞭。

能量＝質量×光速的平方。

也就是說，一切物質都可以轉化成能量。

深層的含義是，能量才是這個世界的本原。

那麼能量是以什麼形式呈現的呢？

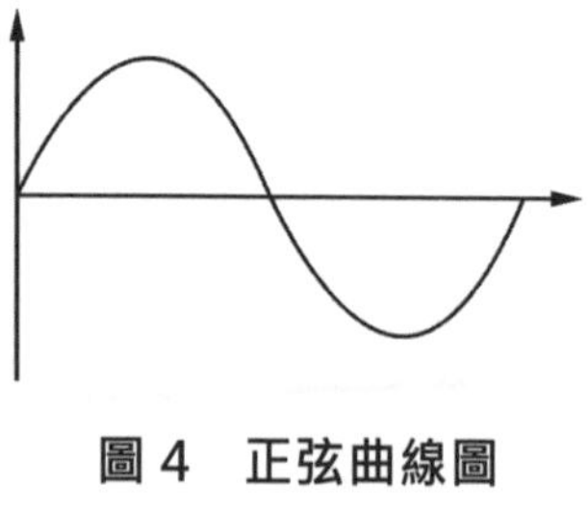

圖4　正弦曲線圖

就是「波」。

波是什麼樣子？想想高中數學學過的正弦曲線。

世間一切有形和無形的物質都以「波」的形式存在，其發展規律都遵循這個曲線，一個波長代表一個完整的週期。比如光、聲音、電、磁場、電場；再比如人的情緒、認知、人生軌跡、股市、房市等。

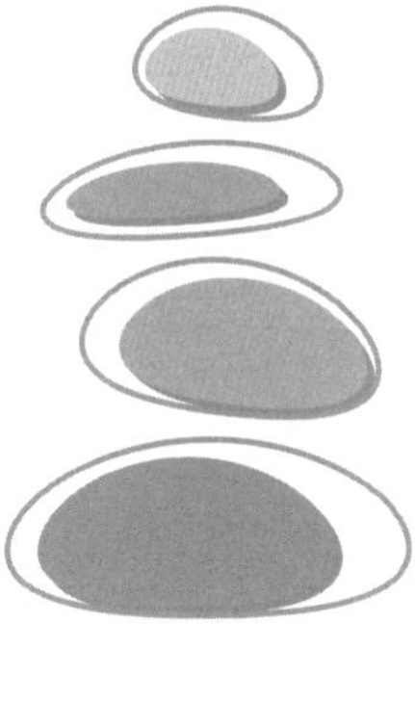

人生成長曲線

圖5清楚說明了人與人的認知差距。

社會上很多人是身體長大的嬰兒，他們的心理不成熟，還處於A點：愚昧之巔。

他們總有一天會因為自己的愚昧而遭遇現實的打擊，一下子摔到谷底，也就是B點：絕望之谷。

然後，只有極少數人能痛定思痛，跌落低谷觸底反彈，從此腳踏實地地前行，透過日積月累

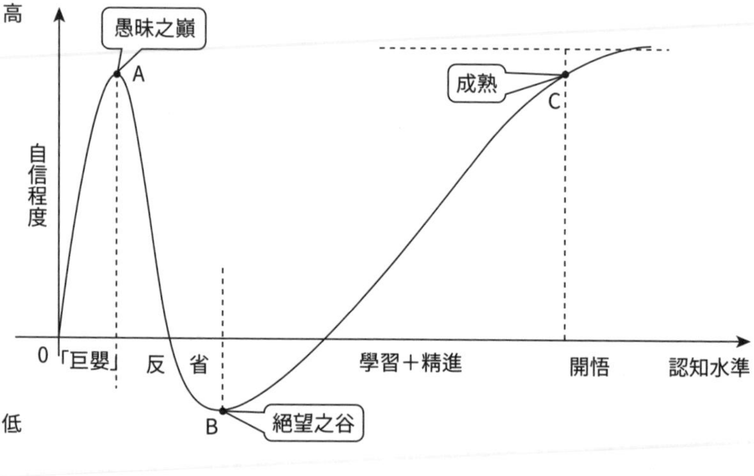

圖5　人生成長曲線圖

的刻苦修行，抵達C點，成為成熟的人。

這也是人認知的三個層次。

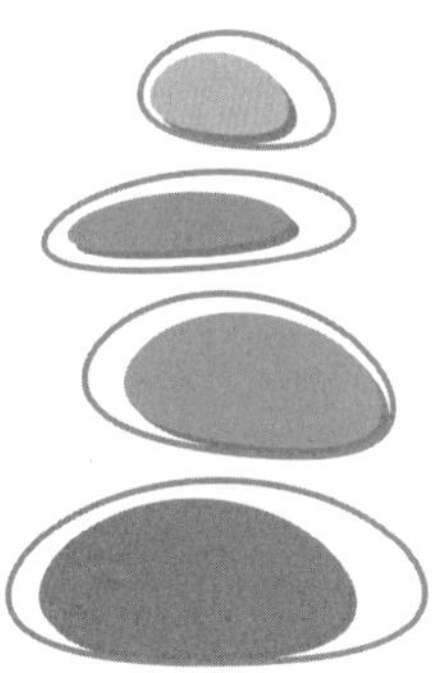

價值回歸曲線

資產的價格往往會經歷巨大的泡沫期，然後迅速經歷絕望期，也就是冷靜期，最後才是回升期（跟價值增長同步）。

很多股票、房價、虛擬貨幣、估值、市值等都被鼓吹得越來越大。二〇二一～二〇二二年就是資產價格的重塑期，很多虛妄的價格都被打回原形，價值重塑期很快就會到來，一切都將價值回歸。

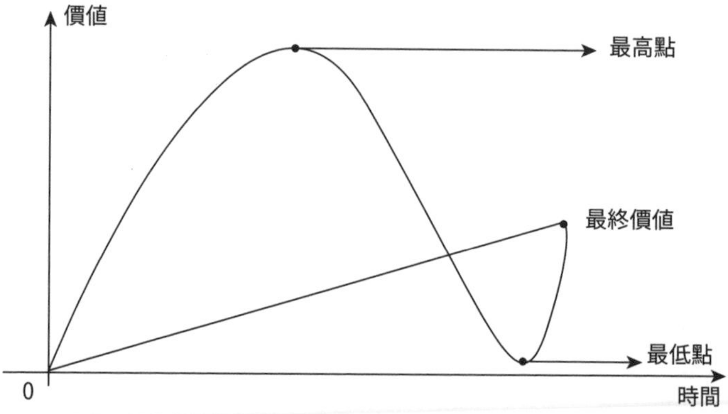

圖 6　價值回歸曲線圖

經濟發展週期曲線

馬克思（Karl Marx）在《資本論》（*Das Kapital*）中寫道：「只要資本主義制度存在，經濟危機的根源就無法消除，而且經濟危機會週期性爆發。」

這個週期包括圖7的四個階段。

同樣也是經濟運行的四個階段。

第一個階段是繁榮期，第二個階段是衰退期，第三個階段是蕭條期，第四個階段是復甦期。政府

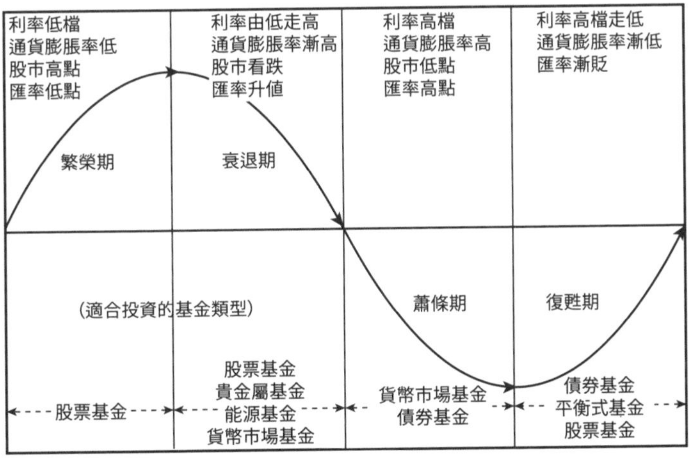

圖7　經濟發展週期曲線圖

會不斷調節利率，從而讓這四個階段均衡分布。

其實，這四個階段也是事物發展的四個階段。以婚姻為例，第一個階段是熱戀，第二個階段熱情消退，第三個階段互相僵持，第四個階段是磨合，過了磨合期之後才能組建穩定的家庭。

技術成熟度曲線

「人工智慧」、「區塊鏈」、「元宇宙」等新概念，都會經歷期望膨脹期，也就是虛火旺盛的階段，等泡沫破滅之後，才真正進入技術應用階段（圖8）。

有個笑話說：二〇二一年，年前世間無不「區塊鏈」，年初萬物皆可「碳中和」，年末一切都是「元宇宙」。

社會每出現一個新概念，總是先被一波投機者利用來賺錢（期望膨脹期），

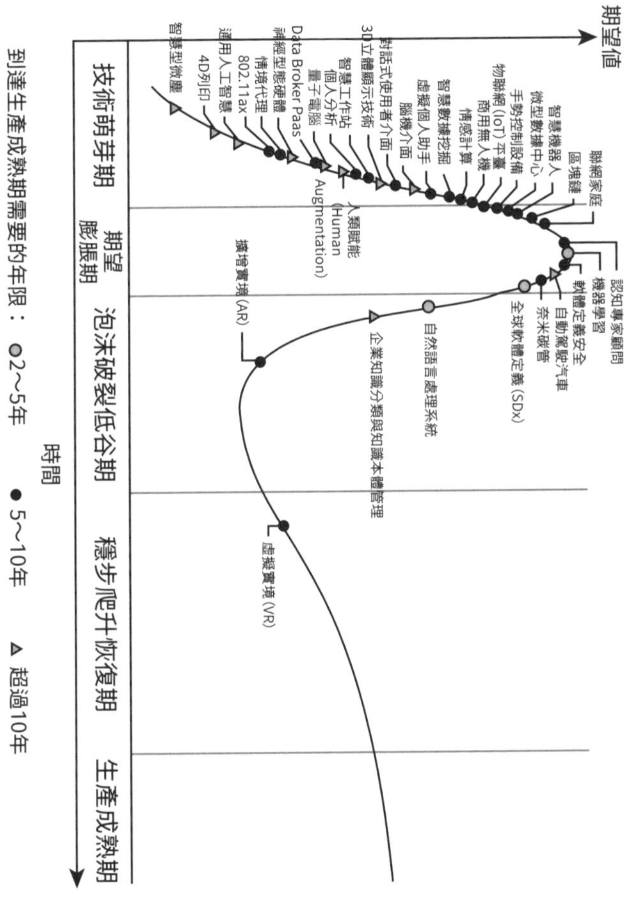
期望值
時間
技術萌芽期
期望膨脹期
泡沫破裂低谷期
穩步爬升恢復期
生產成熟期
聯網家庭
區塊鏈
智慧機器人
微型數據中心
手勢控制設備
物聯網(IoT)平臺
商用無人機
情感計算
智慧數據挖掘
虛擬個人助手
腦機介面
對話式使用者介面
3D立體顯示技術
智慧工作站
個人分析
量子電腦
Data Broker Paas
神經型態硬體
情境代理
802.11ax
通用人工智慧
4D列印
智慧型微塵
人類賦能
(Human
Augmentation)
認知專家顧問
機器學習
軟體定義安全
自動駕駛汽車
奈米碳管
全球軟體定義(SDx)
自然語言處理系統
企業知識分類與知識本體管理
擴增實境(AR)
虛擬實境(VR)
到達生產成熟期需要的年限：
●2～5年
●5～10年
▲超過10年

圖 8　概念成熟曲線圖

然後弄得一地狼藉（泡沫破裂低谷期），之後才真正進入理性應用階段（穩步爬升恢復期），如圖9。

以上案例可以說明這條曲線的廣泛應用。

需要補充說明的是，在這條曲線中，每個大週期都包含無數個小週期。比如經濟運行的大週期是兩百年左右，小週期則是五～八年，如圖10。

換句話說，曲線的局部是一個週期，而局部的局部是一個更小的週期，大波浪後面有小波浪，小波浪上面還有更小的波浪。

世界的變化即是由大週期和小週期構成，每個週期皆是一個輪迴，世界的本質就是各種輪迴的組合。

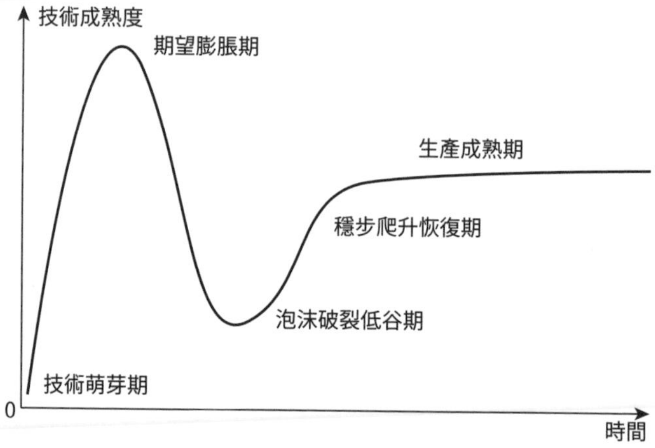

圖9　技術成熟度曲線圖

再看看圖11，就能明白其根本。

正弦曲線不就是太極圖嗎？

「一陰一陽之謂道」，正加負就是一個完整的週期，也是一個整體。陰中有陽，陽中有陰，對立與統一，生生不息……這是萬事萬物皆脫離不了的規律。無論是投資、創業、婚姻、炒股、買房，你都要看清楚自己當下所處的節點（圖12）。

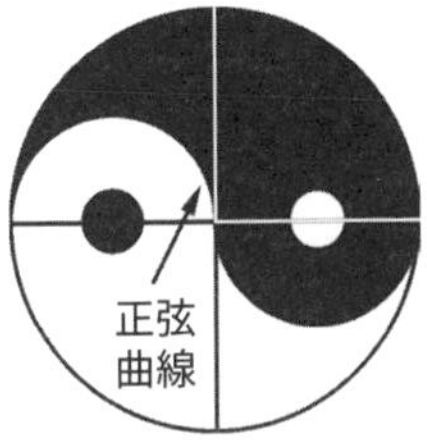

圖11　太極圖

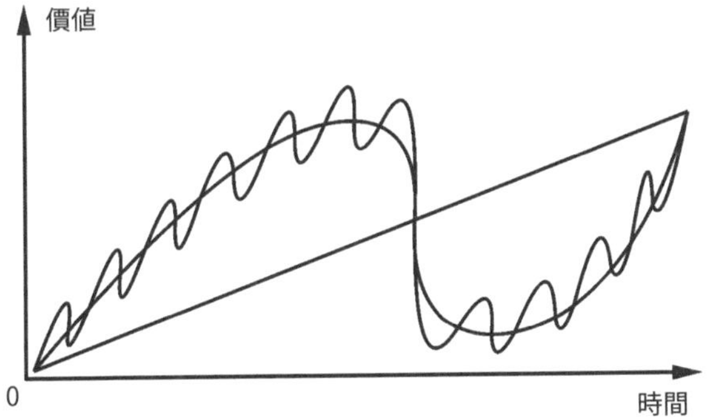

圖10　經濟運作週期圖

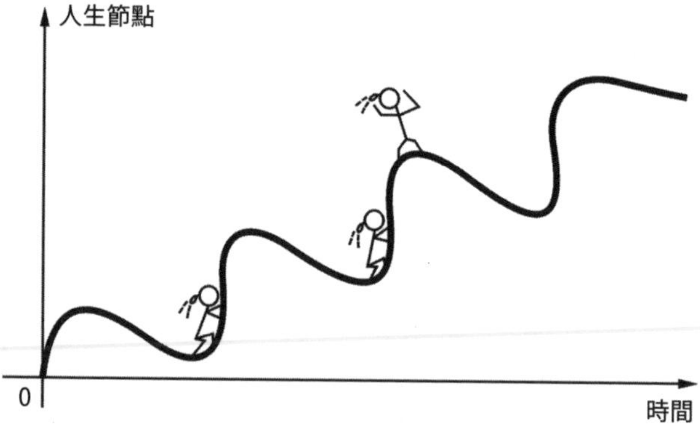

圖 12　人生節點示意圖

曲線的實際應用(1)買房的好時機

那麼，我們該怎麼應用這個曲線呢？

以房地產行業為例，該如何尋找最佳的買房時機？

房價的漲跌也遵循這個曲線，即對應的四個階段：飆升期、下滑期、蕭條期和恢復期。

房地產過於蕭條時，政府可以透過降息降準、減緩推地節奏、寬鬆限購，甚至透過減稅、買房落戶等各種優惠政策刺激房市。

一旦房地產過熱，政府又可透過限購升級、增加土地供應量、控制學區房的含金量、提高利率等各種政策將房市的流動性瞬間凍結，使房地產市場的流動性暫時趨緩。

那麼，消費者該怎麼把握買房時機呢？

只要記住一句話：政策讓你買你就買，政策不讓你買你就不買。

政策一定是逆市場而行的，當市場過熱、民眾不顧一切去買房，政府為了穩定經濟，一定會祭出政策打壓房價，這個時候搶房的人一定是照單全收。民眾越搶著買，你就越響應政策，不要買。

等房產市場蕭條，大家都不買房了，政府為了刺激經濟、清庫存，一定會祭出政策支持大家買房。這個時候買房，便是低點入場，是「抄底」時期。大家越不想買，你越要出手，這才是真正的買房好時機。

買房一定要抓住一個原則：響應政策。

這句話大道至簡，因為絕大多數人都會追逐私利，不夠理性，如潮水般跟隨市場而動，政府只能用政策去制衡這股力量，而大部分人又不願意直接響應政策，這時你響應了，就是逆大多數人而動，反而符合「道」。

曲線的實際應用(2)投資是與自己博弈

《道德經》說：「反者，道之動。」真正看透規律的人，都會逆人性而動、逆大環境而動、逆大多數人而動。

只有極少數人能做到這一點，大多數人都隨波逐流，成為時代的「韭菜」，因而只能成為「接盤俠」，逆行者永遠都是孤單前行。

投資的要訣就是巴菲特所說：「他人恐懼時你要貪婪，他人貪婪時你要恐懼。」股票就是低點買進高點拋售。股票一直下跌，你應該提前看到最低點，這時一般人恐懼不敢買，你就要大膽買進；而股票不斷上漲，你應該提前看到最頂點，這時大家都想再多賺一點，而你應該先逃。

這和商聖范蠡的「旱則資舟，水則資車」的逆向商業思考相同。在澇季要準備旱季所用的車，在旱季要準備下雨用的舟。

《史記．貨殖列傳》記載，計然曾說：「貴出如糞土，賤取如珠玉。」意思是趁價格上漲時，把貨物像倒掉糞土那般趕快賣出去；等價格下跌時，要把貨物像求取珠玉那般趕快收進來。

「華爾街教父」班傑明・葛拉漢（Benjamin Graham）說過：「投資中的最大敵人就是自己。」因為投資就是跟人性博弈的過程，最強的對手一定是你自己。一旦你戰勝了自己，就如同跳出三界外、不在五行中；做到寵辱不驚，看庭前花開花落，去留無意，望天上雲捲雲舒。

所謂「人棄我取，人取我予」，說白一點，就是他人不要的東西你拿走，他人想要的東西你給予。

眾生之所求，正是你所捨。乍看是一種施捨和慈善，是無我，卻也是世界上最高境界的投資，是大我。

最終，一切有形資產都是身外之物，你在這個過程中形成的思想、格局才是自己的。

請牢記這條曲線，然後反過來行動。

01・為什麼教人炒股的人自己不炒股？

那些正在賺大錢的人，生怕他人知道自己在賺錢，所以從不聲張。

而那些到處宣揚自己在賺大錢的人，往往都是打著帶你賺錢的旗幟收割你。

為什麼開賭場的人往往自己不賭博？

為什麼教人炒股的往往自己不炒股？

因為他們看透了賺錢的本質——要賺那些想發財的人的錢。

當他人都去淘金，你要做的不是加入淘金大軍，而是去修建一條能快速通往淘金地的道路。

當大家都去做直播，你要做的不是跟風，而是辦個直播培訓班，或者去賣直播設備。

這才是賺錢的本質。

02・從個人到企業的競爭規律

個人的發展離不開一個規律：短期看機遇，中期拚能力，長期靠人品。

個人成功，剛開始要靠機遇，但是到一定階段就得靠能力。如果想要長期立於不敗之地，必須有強大的人品，否則一定會失敗。

一個人起點多高，是機遇決定的。

一個人能走多快，是能力決定的。

一個人能走多遠，是人品決定的。

一個人的名聲，不能大於自己的實力。

一個人的財富，不能大於自己的貢獻。

一個人的職位，不能大於自己的能力。

否則，德不配位，必有災殃。

同樣的邏輯，商業的發展也有規律：短期拚聲勢，中期拚模式，長期拚產品。

商業成功，剛開始往往需要借勢，要迎合趨勢。但到了一定階段就得靠模式，模式必須與時俱進。要想長遠發展，必須提供強大的產品，否則一定玩不下去。

換句話說，企業發展的規律是：短期看行銷，中期拚模式，長期靠產品。

一個企業能否獲得關注，是行銷決定的。

一個企業能否長期發展，是模式決定的。

一個企業最終命運如何，是產品決定的。

以上兩個規律告訴我們：一切競爭歸根結柢都是「人品」和「產品」的競爭。

03．大真必出大偽

天堂的隔壁就是地獄，天使的身邊就是魔鬼。

越好的東西，越能藏住壞的東西，越好的概念越容易被利用。

社會有個規律：每年都有一個新概念冒出來，被很多投機者和騙子搶先利用，變現自己的貪婪。他們很快把這些新概念搞臭，然後扔掉。

因此社會每出一個新概念，總是先被一波騙子搶著利用，然後再被一波投機者利用，最後才輪到老實人去做，所以老實人常常吃虧。

04．成功最大的絆腳石

每個人一生都能遇到很多次機會，成功與否就看你能抓住幾次機會。

在抓住機會方面，有一個「隔代成功定律」，亦即我們往往只能抓住隔開的兩次機會，很難抓住相鄰的兩次機會。

因為我們每一次成功抓住機會，就會成為抓住下一次機會的阻礙。

一旦你擁有上一次的優勢，反而容易沉溺在傳統的成功裡，不可自拔。

所以，成功最大的絆腳石就是成功本身。

05．金錢是人性的放大器

金錢能讓人變壞嗎？

這個問題自古就是不敗的話題，至今仍沒有定論。

其實，金錢不會讓人變壞，也不會使人變好，只能讓人暴露真實的自己。

金錢就和權力一樣，是人性的放大器，會將人原本的樣子放大很多倍；讓人更接近最真實的自己。

人在貧窮的時候往往沒機會釋放自己的傲慢、無恥，也沒能力發揮自己的慷慨、善良。等有錢了，虛榮、貪婪、自私都會放大，相應的，慷慨、善良、勇敢、仁慈、孝敬、奉獻也會放大。

金錢讓高貴的人更高貴，卑鄙的人更卑鄙；

金錢讓深刻的人更深刻，淺薄的人更淺薄。

06．人生漫漫，無非兩件事

第一件事是尋找同類，第二件事是尋找互補。

一個人比較弱小的時候，需要找尋同類，藉此找到認同感和安全感。

一個人足夠強大的時候，需要找尋互補，藉此找到價值感和幸福感。

戀愛最好找同類，婚姻最好找互補。因為戀愛是情感組合，彼此開心就可以，而婚姻是價值組合，能幫助彼此實現價值才是最穩固的關係。

在動物的世界裡，弱小的動物一向是成群結隊，比如雞鴨鵝羊和牛馬，牠們需要團結起來保護自己；強大的動物從來是獨來獨往，比如虎豹豺狼和獅子。

就如同大一、大二的新生一般會成群結隊，因為他們還在適應新環境，所以本能地想組成團體。大三、大四的學生大多獨來獨往，因為他們已經習慣了校園生活，可以相互獨立。

或許有人會說：不對啊，狼也是成群結隊啊。這就是狼的厲害之處，牠除了實現自身的獨立強大之外，還可以隨時聯合起來對付更強大的老虎和獅子，這種精神就稱作「狼圖騰」。

07・搞定各種關係的兩個根本力量

宇宙中有兩股最根本的力量，這兩種力量驅動萬物運轉。

第一股力量是陰與陽互相吸引。這一種是互補的力量，互補產生吸引，最直接表現就是愛情，是兩性關係。正如佛洛伊德（Sigmund Freud）所說：人類的一切問題，都是因為「性」出了問題。

第二股力量是大對小的吸引，也就是強對弱的吸引，亦即牛頓的萬有引力。比如地球被太陽吸引，月亮被地球吸引，大的總是吸引小的，成功的總是吸引弱小的追隨。

在這兩種力量推動下，人有兩種最基本的需求。第一種是需要變得更完整，即陰需要陽，陽需要陰；第二種是需要變得更強大，唯有強大才能吸引更多不如自己強大的人追隨和認可。

第一種力量是「質」的問題，第二種力量是「量」的問題，同量不同質，產生惺惺相惜的愛情知己；同質不同量，產生惺惺相惜的追隨。

陰與陽，大與小，是世界上最基本的兩種關係。是一切複雜關係的最根本關係，搞懂這兩種關係，就搞懂宇宙間一切複雜的關係，也能讓自己在各種關係中變得遊刃有餘。

08．魚受害於餌，人受害於財

世界上的是是非非真的很難說清楚，以釣魚為例，到底是人的錯，還是魚的錯？

魚生活在水裡，人生活在陸地，兩者都有自己的安身之處。

人釣魚是因為想吃東西，魚上鉤是因為想吃誘餌，兩者都是為了自己的食物。

魚吃誘餌有被釣的風險，人釣魚也有落入水裡的風險，兩者都有自己的風險。

魚受利於食，人也受利於食；

魚受害於食，人也受害於食。

若以魚為本，人吃了魚，則魚受到傷害；

若以人為本，人以魚為食，人無食則人受到傷害。

魚受害於餌，人受害於財。僅此而已。

09．開口說話需要滿足的七個條件

一是你把事情想清楚了。
二是你把要說的話理順了。
三是你把說話的結果想透了。
四是他人在聽。
五是他人能聽懂。
六是他人聽完後能執行。
七是他人執行後有價值。
說話千萬不能信口開河，如果不能滿足以上條件，寧可不說。要多聽，聽得越多，掌握的情況越全面，犯錯的機率越低。
在任何場合，最重要的人，一定是說話最少，卻最有分量的人。
不鳴則已，一鳴驚人。

10．忠臣為什麼總是沒有好下場？

社交有個黃金比例，也就是二八法則，亦即在說話過程中，意見和誇獎比例維持在二：八最合適。換句話說，和人溝通時，每說八句讚美的話，才能提兩句中肯的意見，這是讓對方最容易接受我們意見的方式，否則就是好心辦壞事。

古往今來，為什麼那麼多皇帝都把身邊的忠臣殺了？就是因為這些忠臣沒把握好說話的比例。他們基本上句句刺耳，雖然句句實言，但不符合「道」，即便是好心也往往沒有好下場。

11．「行為」與「認知」半徑

知行合一，是讓你的「認知」和「行為」統一。

千萬不要讓「行為半徑」大於「認知半徑」。

簡而言之，就是不要做超出你認知範圍以外的事。

千萬不要讓「行動速度」超過大腦的「運轉速度」。

當然，也不要每天都在思考（認知），而不行動。一旦你看清一件事，就立刻去實踐。

一個人做事的最高境界就是「知行合一」，亦即把自己的認知和行為完全統一。沒有思考清楚就不要行動，但只要思考清楚了，就立刻行動！

這也叫「有勇有謀」。

12．香水與糞便僅是濃度之差

有一種神奇的物質，叫做「吲哚」（indole），存在於香水之中，卻也存在於糞便裡。

吲哚濃度較低時，會散發一種迷人的香味，令人沉醉。

吲哚濃度較高時，會散發出濃濃的臭味，令人作嘔。

這就是物極必反。任何事情做得太過火，就很容易反轉。

另外，光彩奪目、價值百萬的鑽石，跟漆黑如泥、一文不值的石墨，皆是由同樣的成分——碳原子組成，區別僅在於碳原子的排列結構不同。

世界真的很神奇，在人類的認知裡，很多截然相反的物質，其實都是同一種物質，只不過我們的眼睛、鼻子、嘴巴，一直在欺騙自己的大腦。

13．未來社會是「個體」的社會

真正厲害的人，往往是「雌雄同體」。

世界上有兩種思考：

第一種是理性思考，也是男性思考，冷靜、理智、依靠邏輯；

第二種是感性思考，也是女性思考，情緒化、感性、依靠感覺。

一個人越具有跟自己互補的思考模式，就越有魅力，比如男人吸引女人，往往是陽剛中帶著溫柔和細心；而女人迷倒男人，往往是溫柔之外的獨立和堅強。

厲害的人可以在這兩種思考之間切換自如，既有原本性別的鮮明特徵，又巧妙糅合了另一性別的優點。

大自然彷彿是透過這些人來顯示自己的最高目的——陰與陽的對立和統一，這也很符合「道」。

高手性非異也，自成陰陽。心有猛虎，細嗅薔薇。靜如處女，動如脫兔。

過去，人們都靠尋找另一半來補充另一種思考，然後兩個人加在一起組成一套完整的系統，也就是家庭。

而今，與其把精力花在尋找一個認知水準相同又思考互補的異性，還不如把這些時間精力用來提升自己的完整度，讓自己成為一個完整的個體。

未來的社會，即便是普通人，也需要同時具備兩種思考。因為一個社會越發達，人的獨立性越強，越需要自身的完整性。未來每個人都是獨立的個體，需要同時具備兩套思考模式。

過去社會的基本單位是「家庭」，未來社會的基本單位是「個體」。每個人都需要有女人的溫柔似水，同時又有男人的堅韌不拔。

14．大多數人寧願躺著吃苦

做大事容易，還是做小事容易？

當然是做大事容易，因為你做的事越大，越不在乎小事，恰恰是生活中那些雞毛蒜皮的小事耗費了我們百分之八十的能量。

賺大錢容易，還是賺小錢容易？

當然是賺大錢容易，因為你賺的錢越多，幫助你的人越多，吸引的資源越強，所處的位置越高，從而可以協調更多的資源。

賺富人的錢容易，還是賺窮人的錢容易？

當然是賺富人的錢更容易，因為他們只在乎體驗和產品品質，你只要把產品和服務做到極致，他們就願意買單；而窮人對每一分錢都很計較，總是想用最低的價格購買最好的服務，且總是雞蛋裡挑骨頭。

那為什麼那麼多人每天埋頭做小事、賺窮人的小錢呢？

因為大事和富人需要更高的格局去駕馭，還需要更深層的認知做基礎，必須透過不斷學習去提升水準。

大多數人寧可吃瑣碎雜事的苦，也不願意吃學習和提升的苦。因為生活的苦躺著一動不動就來了，學習的苦卻需要你主動找來吃。

15・人生最大的追求

所有成熟的人，都有一個共同需求：尋找同類。

所謂同類，就是跟自己相同頻率的人。

人與人最大的不同，就是頻率的不同。

世界有兩大神奇的自然現象：

一個是「同頻共振」，是宏觀上的；

一個是「量子糾纏」，是微觀上的。

這兩大現象說明一個道理：頻率相同的人總會相遇，甚至相親。
世人稱這種相遇為「緣分」，有緣千里來相會，無緣對面不相逢。
世界上最美的事，莫過於高山流水遇知音。
古人說，士為知己者死，女為悅己者容。
可見頻率相同究竟有多麼重要！
餘生最美的事，就是跟頻率相同的人在一起。

16・「得到」之前要先「放下」

如果你非常渴望得到一件東西，最好的辦法就是先放下，然後按部就班地做該做的事。

用心點，溫柔點，不要那麼用力，然後水到渠成，該發生的都會順應規律發生。

太過心急，太過用力，甚至手忙腳亂，想要的事物往往會被你嚇跑，躲著你。

當你放下所有執念，不再那麼貪嗔痴，一切美好都會如約而至。

17．你選擇上誰的當

沒讀過書的人，往往上「人」的當；讀書太多的人，往往上「書」的當。

絕大多數人是由於書讀得太少，所以不斷上人的當，被收割和欺騙。

我寧可上書的當，也不願意上人的當。上書的當最多是個「書呆子」，上人的當就是「韭菜」，甚至萬劫不復。

總結來說，人生啊，上當是必然的，關鍵是你選擇上誰的當。

PART 2

突破能力局限你需要認知覺醒

第五章

擴大認知邊界的要素

未來一切的競爭，

其實都是搶占「認知制高點」的競爭，

而一個人的生活方式決定了他的認知水準。

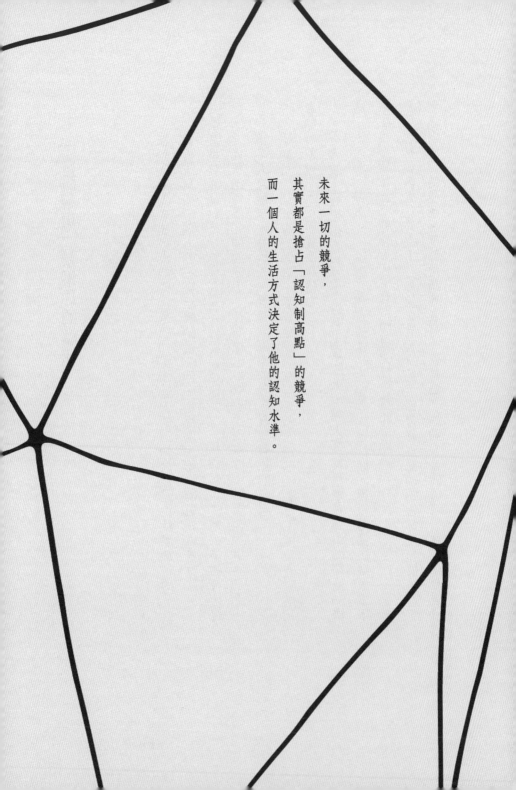

「資訊繭房」禁錮你的認知

都說人與人之間最大的區別是認知，那麼人的認知究竟是由什麼決定的？其實，只要一個人的「資訊吸納量」到一定程度，認知的瓶頸就會打開。獲取資訊的效率，是這個時代最重要的能力。我們必須接納夠多的有效資訊，才能找出資訊之間的關係，從而挖出規律，找到本質，形成「認知」。

很多人之所以坐井觀天，就是因為不能獲取真實有效的資訊。比如每天都在看短影音、看娛樂節目和玩遊戲，這些活動都不能及時吸納社會的有效資訊，反而會浪費精力。

有人說，看短影音也是學習啊！實際上，絕大部分短影音輸出的都是「情緒」，而非「資訊」。短影音和直播就是靠煽動大眾情緒才得以傳播，讓大家下單；很多觀點都是迎合大眾，甚至誤導大眾，藉此走紅。

包括很多人花錢去上各種培訓課程，絕大部分課程灌輸的也都是「情緒」。很多老師聲情並茂、手舞足蹈地表演，就是為了煽動大家的情緒，然後在全場情緒最高昂的那一刻收割你。

娛樂節目和遊戲更不用說，帶來的都是「情感安慰」和「情緒滿足」。其存在的目的是為了放鬆，而不是為了吸收和學習。

還有人說，每天逛社群媒體也不能獲取資訊嗎？實際上，現在的社群媒體都是「演算法」推薦機制，你越喜歡什麼內容，就越推薦什麼內容給你。反覆加強你深信不疑的東西，你懷疑的東西則會主動避開你，到最後其實也只是情緒滿足。這就是「資訊繭房」（Information Cocoons），促使你更加故步自封。

包括平時的聊天和社交，也很難獲取更多真實有效的資訊，因為我們只能跟同一層次的人交流，大家認知水準相近，資訊來源相近，彼此之間還互相肯定，導致「資訊繭房」更為牢固。

世界上最昂貴的稅

這個時代越來越有意思，網路上都是答案，到處都是方法，我們卻越來越不知道該怎麼做……

從讀書時期開始，我們就被動地接受各種答案。現在影音平臺上的各種「大神」，各種培訓大師，各種實用類書籍都爭先恐後地告訴我們答案……

我們天天都在尋找各種答案，琳琅滿目的答案呈現在眼前，為什麼我們反而越來越迷茫？

其實，那些直接告訴你答案的人，是變相地掌控你的心智。他們抓住人性不喜歡主動思考的弱點，打著幫你解決問題的旗幟，操控你的行為，然後收割你。

請記住，這個世界上沒有「放之四海而皆準」的答案，每個人的條件、資源、環境不一樣，解決問題的答案也不一樣。

每個人的答案是不一樣的，你的答案只在你心中。任何老師或書籍只能幫你找答案，而不能直接告訴你答案，否則就是剝奪你思考的權利，那才是真正的害人不淺。

這就是為什麼各種資訊來源都在告訴我們答案，他們懼怕我們思考，懼怕我們成長，否則就不能操控和收割我們，這就是現代商業的本質。

世界上最昂貴的稅是「認知稅」。

認知升級才能跟上未來

有一批人運氣非常好，趕上了資產升值的最好時期，也趕上閉著眼睛都能發財的好時代，他們的財富積累到一定水準，但他們的認知、素質與財富地位並不相稱。

這群人現在遇上時代的變革，各種戲劇性的變化發生，由於認知水準不足，他們每一步的決策都是錯誤的，甚至是致命的，比如教育出糟糕的下一代，掉進各種投資陷阱……當潮水退去，裸泳的人就暴露出來了。

現代社會發展呈現斷層式躍遷，社會斷層可能導致人的認知斷層，認知斷層又導致財富斷層；而財富斷層的表現，就是各種騙局越來越多，不可靠的投資項目越來越多，社會財富不斷洗牌和重組。

唯一的應對辦法，就是讓你的認知大幅升級，才能在風雲變幻的時代立足。

小心成為被社會圈養的普羅大眾

世界的本質是平衡，物質越豐富，人的智商越退化；科技越發達，人的精神越空虛；營養越豐富，人的生理功能越弱；知識越是唾手可得，人的獨立思考能力越差。

未來的世界也許會分割成一個個小儲存格，認知和價值觀相似的人放在同一個儲存格裡，儲存格的牆壁十分堅實，每個人都活在自己的資訊繭房（或者稱認知監獄）裡。同一個儲存格的人互相肯定和認可，擁有共同的一片天，然後利用短影音、直播、遊戲、網購等，玩得不亦樂乎。

大眾不需要成長或者被喚醒或者產生價值，只需要情緒安慰、麻醉和幻象、投資少回收快的各種刺激。只要給他們一口飯吃，一點好玩的東西，他們便沉浸其中，慢慢消耗自己的生命。

而在演算法的配合下，未來的內容產生和推播機制將更加高明，可以精準投放最想要的東西給每個儲存格。未來，大眾都將活在餵養和投遞之下。

世界也將變得錯落有致，井井有條，開啟智慧化管理。隨著科技發達，普羅大眾不需要參與勞動，社會也有足夠的資源餵養他們，把他們像寵物一樣圈養。

掙脫自我囚禁的「思想牢籠」

我們常把自己視野的邊界當成世界的邊界，因為自己感受不到或者看不見，就以為不存在，如同把自己關在一座牢籠裡，這就是思想的牢籠，也是認知的監獄。

多少人被牢牢禁錮其中，視野變得狹隘，判斷力和行動力深受影響。多少人一輩子都離不開這座監獄，自己把自己終身囚禁。

古今中外所有聖人和經典，都教導人們如何掙脫這個牢籠。

《道德經》說：「五色令人目盲，五音令人耳聾，五味令人口爽。」人的眼睛、鼻子、舌頭、耳朵等組合在一起，構建了一個虛擬世界，把人籠罩其中，遮住了真實的世界，欺騙了我們的大腦。

《心經》說：「照見五蘊皆空，度一切苦厄。」又說「無眼耳鼻舌身意，無色聲香味觸法。」意思是唯有人關閉自己的六根去感知世界，才能看到真實的世界，解除人生的痛苦。

《金剛經》說：「凡所有相，皆是虛妄；若見諸相非相，即見如來。」你看到的一切相，都是內心深處的投射。當你能看穿各種表象，窺探其本質，你就大澈大悟了。

《莊子》說：「嗜欲深者天機淺。」意思是，欲望越重的人，越看不到世界的真相。我們都被欲望蒙蔽了雙眼，從而陷入巨大的「思想牢籠」，如同瞎子摸象。

人生就是一場修行，修行的最高境界，便是掙脫「思想牢籠」，好似撥雲見日，讓你剎那間看透萬物的真諦和人生的真相，簡直妙不可言。

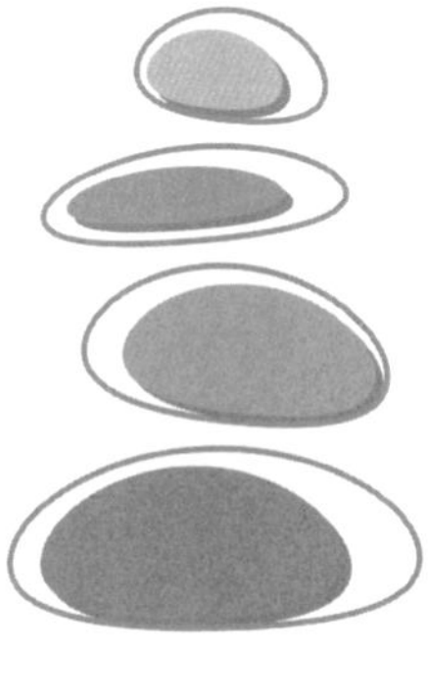

搶占「認知制高點」

未來一切的競爭，都是搶占「認知制高點」的競爭。一個人的生活方式決定其認知水準。

很多菁英人士根本沒有時間去看短影音，他們喜歡深度思考，喜歡文字閱讀。文字閱讀的本質，是讓你靜，安靜地思考。

靜生定，定生安，安而生慧，慧生判斷力。

我們永遠不可能跟蘇格拉底、老子等思想家聊天，但可以透過閱讀他們的書，學習他們的思想和觀點。

可惜的是，現代人越來越喜歡投資少回收快的感官刺激，越來越不喜歡像讀書這種真正的學習方式，但這也不難理解，因為在未來，也許只需要極少數人保持獨立思考，絕大多數人只要吃吃喝喝就夠了。

為什麼要看書，看影片不行嗎？

有效增加「資訊吸納量」的途徑，就是讀書，讀一流的書！

讀書與看影音相比，其接收有效資訊的效率高很多，為什麼？

首先，每個人吸收資訊的速度不一樣，有人可以一目十行，有人只能一目三行。但是沒關係，書籍不會影響你的效率，任何人都能按照自己的步調閱讀。

看影音的話，如果你覺得這段影音是無效資訊，你就想快轉，可是一旦快轉就不知道中間漏掉了什麼，且反覆嘗試快轉，影響你接收有效資訊的效率。

為什麼使用通訊軟體時，非常害怕有人傳給你好幾則六十秒的語音？因為聽起來太累了，稍不留神就得重聽，有時還擔心被他人聽到。如果在通訊軟體裡轉換成文字，又會出現很多錯別字，讓人擔心資訊失真，結果轉換完還得再聽一遍，嚴重影響接收資訊的效率。

其次，書裡的文字沒有畫面，沒有聲音，沒有色彩，可以專心致志地提取其中有效的資訊，沉浸在資訊中思考，也容易培養獨立思考的能力。

影片裡面有很多聲音、畫面、色彩的渲染，這些都屬於輔助資訊，帶有濃重的個人情感色彩，比如主持人或解說員的情緒等。而這種輔助渲染，可能誤導很多人。太多人在接收資訊時，誤把情緒當成意見，把偏見當成道理，把故事當成真相。

這就是影音化時代的副作用，越來越多人被主播一步步誤導，活在自己的妄念裡，看不到真相，被反覆收割。

再者，如果某一段話讓你覺得非常有價值，你想做個記號或者畫個重點，這很難在影片上進行，你可能需要重新寫字或打字記下來，這又影響了效率。

文字是思想的最基本邏輯，人類所有的思想都能以文字的形式儲存下來。無論多麼經典的演講或電影，最後都會以文字的形式記載下來，剖析其核心思想。所以，讀文章是最容易抓住精髓的。

又比如公司裡的文件，從來都是以文字的形式發出。重要的資訊，必須以文字的形式呈現，才能讓公司內部人員在最短時間內接收並執行。

世界上最難的兩件事：第一件是把自己的思想灌輸到他人的大腦裡，第二件是把他人的錢拿到自己的口袋裡。兩者相輔相成，做到第一件才有第二件，這也是商業的不二法門。

讀書和看影片，一個是主動吸納資訊，一個是被動接納資訊。只有主動吸納資訊才有助於獨立思考，形成自己獨立思考的能力。

請記住，書是展現人類思想的最好方式，讀書是獲取有效資訊的最好方式。

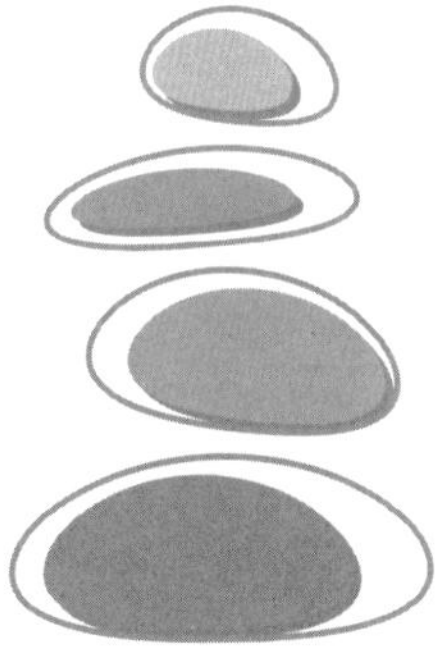

想一想提神醒腦——傻瓜和聰明人的區別

聰明人往往急於成功。

傻瓜往往埋頭成長。

聰明人太容易挖到表層的礦藏，因此錯過深處的富礦。

傻瓜只能深挖那些被遺棄的部分，往往能發掘出意外的驚喜。

聰明人遇到坑，往往遠遠地躲開，也失去接受教訓的機會。

傻瓜遇到坑，往往見一個填一個，因此不斷成長。

聰明人喜歡重複做自己會的事，所以常常活在過去的輝煌裡。

傻瓜總是執著地鑽研自己不懂的事，所以一天天開竅。

世界是公平的。

只有認知高低，沒有命運使然

人類社會一切現象都是本質的呈現，但是人把自己能看透的現象稱為規律，看不透的現象稱為命運。

其實在認知水準高的人眼裡，或者能力高的人眼裡，根本就沒有命運的說法。一切都有跡可循，順著各種現象便可以釐清邏輯，然後判斷趨勢和必然。

而那些認知水準較低的人，因為無法從各種表象看到本質，只能為自己貼上標籤，同時也喜歡為他人貼標籤，用標籤思考去下結論。

舉例來說，為什麼很多人喜歡討論星座？

因為他們無法在短時間內觀察一個人的本質和本性，只能透過詢問星座了解一個人，導致先入為主，給人貼上標籤。

貼標籤就相當於生硬地將許多人劃為同一類，但即便是同日同時生的人，個性也有天壤之別。

他們無法察覺出每個人的個性，只能用共性代替個性，相當於把形形色色的人用框架束縛起來，忽略每個人的獨特性，眉毛鬍子一把抓。

而那些認知水準高的人，可以在短短十分鐘內，透過一個人的言談舉止判定其本質和本性，從而洞悉他的過往和未來，根本不需要問他是什麼星座。當然這需要極高的洞察力，也是認知水準高的表現。

從說話看出一個人的認知水準

當你遇到一個人，他能理解你的處境，尊重你的觀點和立場，和你打成一片，讓你覺得很舒服。但當你想進一步和他深入交往，卻發現他難以捉摸，始終拿捏和你的距離，讓你覺得若即若離，似乎和你隔著一層紗，這就代表他是跟你「降次元溝通」。

認知水準高的人，從來不會曲高和寡，也不會恃才傲物，他們是「大象無形」，且能隨時做到「上下相容」和「左右調和」。

「上下相容」指的是把自己的程度調整到跟對方平等，然後再展開對話，能隨時跟不同次元的人維持相同頻率。

「左右調和」指的是很快找到對方思考問題的角度，不帶任何偏見，甚至能在世俗的對錯之間自由切換。

他們是不分高低對錯的，隨時可升可降，可左可右，沒有差別，沒有執念，這就是大象無形。

意志力強弱取決於認知高低

認知水準高的人，更容易找到人生的意義並樹立生活的目標，而這些遙遠、堅定、有價值的東西，能抵消當下的許多痛苦。俗話說，人無遠慮，必有近憂。

同樣的道理，人一旦有了遠慮，就沒有近憂。亦即成為一個長期主義者，做到延遲滿足。

認知水準低的人，看不到長遠價值，也沒辦法樹立長期的路線和目標，只會專注於當下的效果。每一分付出都需要回報，甚至是斤斤計較、睚眥必報，也就是短期主義者，需要即時滿足。長期下去，會變得越來越不耐煩，對任何人和事都失去耐心，焦慮的心態就此滋生，變得越來越膚淺，只能用當下的娛樂麻醉自己，每天都在焦躁中度過。

吃不到雞肉，只好喝雞湯

為什麼越來越多的人喜歡喝心靈雞湯？

一語道破天機：因為絕大多數人吃不到雞肉。

絕大多數人在現實中千瘡百孔，卻又無力改變，或者沒有足夠的勇氣改變現狀，於是轉而尋求心靈寄託。

既然吃不到雞肉，就只能喝雞湯；既然在現實生活中一塌糊塗，就從心靈雞湯中尋找安慰。

這就是人性的補償原理。人在某一方面無法獲得滿足感，便會透過另外一種東西來補償。

因此，網際網路上最流行、最易傳播的內容，不是最有價值的內容，而是最能帶給大家精神安慰的心靈雞湯，或者各種讓人「上癮」和「情緒化」的笑話，因為太多人需要被療癒。看看那些點擊率破表的短影音，基本上都是這個調性。

也因此，很多商家、自媒體和網紅，拚命熬製各種心靈雞湯，專門調製心理撫慰劑，讓普羅大眾陶醉。最重要的是，在這個過程中，還能產出巨大的商業價值。因為渴望撫慰和誇獎的人，智商可能會降低一半，他人說什麼他就信什麼，他人賣什麼他就買什麼，完全被牽著鼻子走。

很多人都是身體長大的嬰兒，外表看起來是成年人，心理年齡卻非常小。這類人最典型的特徵就是不願意吃「成長」的苦，於是只能吃「生活」的苦，被一次又一次地收割。

想一想提神醒腦——熬過低谷期的人往往很冷漠

當一個人走出低谷，人們看到嶄新的他，卻只會淡淡地說一句：他變了。沒有人知道他在低谷時期多麼無助，也沒有人在意這個過程。因此，人一旦把世事看透，就會變得冷漠，不是他失去與人相處的能力，而是他已經懶得再跟他人解釋。

除此之外，跌入低谷再爬起來的人，有哪些特點呢？

一是對人性的理解更加深刻，善於從人性角度思考事情。

二是外表越來越安靜，內心越來越淡定。

三是不再把他人的恭維放在心上，不再在乎他人的看法和臉色。

四是不再熱愛幻想，凡事都先做最壞的打算。

五是不再輕信他人，不再對他人輕易寄託希望。

六是迴避各種閒散的事，杜絕各種無效社交。

七是永遠堅信，只有自己能幫助自己。

面對自己的無知與自卑

發現自己的無知，需要相當程度的認知。

承認自己的自卑，需要相當程度的自信。

每個人都有無知和自卑的一面，就看他敢不敢承認和面對。

自卑和無知，也是很多人奮發向上的原動力。

古今中外，很多優秀的人才都是從小自卑的人。

因為自卑，所以奮發向上，不斷走向強大，從而建立自信，之後才敢承認自己的自卑。

一個人知道得越多，越容易發現自己的認知邊界，從而保持謙卑。

因為無知，所以才不斷學習。

知道得越多，就會發現不知道的東西更多。

因此，看一個人是否強大，就看他能否擁抱自己的自卑和無知。

不必處處證明自己是對的

不成熟的人有一個基本屬性：證明自己是對的，自己的一切才是最合理的。他們甚至會竭盡所能摧毀他人，從中找到自己的存在感和價值感。

這種情況不僅存在於婚姻之中，也廣泛存在於人類的所有關係中，比如愛情、友情、親子、職場等，這也是人最大的執念。

人類幾乎每一種親密關係，在剛開始的第一個週期，都是一場權力爭奪戰，爭奪誰才是對的，誰才是最合理的。雙方都強調自我的正確性、合理性、重要性，然後有意無意地否定和打壓對方。婚姻的第一個階段通常是為了完成這個任務，有時需要七年，也就是俗話說的「七年之癢」。

過了這一關，關係就會昇華到新的高度；過不了這關，遊戲就結束了。

馬克思說：「人是一切社會關係的總和。」只要你仍試圖證明自己是對的，還在跟對方講道理，就代表你還沒有掌握關係的本質和精髓。即使你講贏了，證明自己是對的，也輸掉了所有人。

想一想提神醒腦——人生突破的關鍵

人生最大的悲哀，是由於教育的先入為主，導致過早形成小邏輯迴圈，且被緊緊地禁錮其中，從而無法看到更大的世界。

人生最大的幸運，是遇到某些人或事，進而清楚看見自己認知迴圈的局限，突破「認知監獄」，從而構建更大的認知迴圈。

人生突破的關鍵，在於不斷構建更大的認知迴圈，從而提升格局，領略更多風景。

接觸認知高的人幫助你成長

個人成長最快的方式，是與認知水準高的人建立連結。

跟認知水準高的人建立連結分為三種方式：

第一種是看他的產出，包括作品、產品、觀點、思想等。

第二種是線上溝通，比如通訊軟體聊天、直播間打賞互動。

第三種是現實中溝通，面對面交流是能量交換最高效的方式。

第一種方式雖然只是第一種境界，但是可以跟任何認知水準高的人建立連接。比如現代人永遠不可能跟蘇格拉底或者老子聊天，但可以讀他們的作品，透過他們的作品探求和接近更高層次的世界。

也因此，找到高人並獲得跟高人互動的機會，是成長最好的途徑；如果不能，就去讀他們的書，或者學習他們的思想和觀點。

從一滴水看到整片大海

一個人的認知水準，取決於兩大要素：

第一是接納有效資訊的效率。

第二是處理有效資訊的效率。

接納有效資訊的方式往往決定了效率，比如讀書和看新聞接納資訊的效率就大於看電影和看短影音。

什麼是處理有效資訊的效率呢？人接納有效資訊後必須梳理和歸納這些資訊，就像整理收納衣服一樣，整理分類資訊。

學習的最高境界，是找到這些凌亂資訊背後的規律，進而能從一滴水看到整片大海，從而見微知著，觸類旁通。

直接給你錢的人只會讓你更窮

幫助一個人最好的方式，不是直接給他錢和資源，而是提升他的認知，打開他的格局，讓他覺醒。

一個人的認知和格局打開了，就可以看到更加真實和高層次的世界，從而輕鬆駕馭原有的困境。

一個人最大的幸運，不是認識了多少有錢人，因為沒有哪個有錢人會說我的錢太多了，分給你吧。

一個人最大的幸運，是遇到能夠指點自己的高人，為你指點迷津，讓你茅塞頓開，從而提升認知和格局。

最好的老師不會告訴你答案

最好的老師，從不把自己當老師，他會用盡一切辦法讓你更深刻地認識自己，從而成為更優秀的自己。

他就像是背景音樂一般的存在，在無形中鼓勵你，而不是張牙舞爪地表現自己的強大，讓他人臣服自己。

最優秀的學生，是在老師的幫助下找到屬於自己的答案，而不是一直指望老師告訴自己答案，那些對老師過分依賴的學生，或者指望一切靠老師給予的學生，永遠不可能真正提升。

人生最大的幸運，就是遇到良師。

進步最大的祕訣，就是做一個好學生。

想一想提神醒腦——被培訓機構收割的韭菜

真正好的學習或者課程，不是以老師或者課程為中心，而是以學生為中心，是讓學生不斷尋找和發掘自己的過程。

烏合之眾的學習，卻是不斷失去自我的過程。他們拚命向授課老師靠攏，然後用掌聲和崇拜代替自己思考。

然後在全場情緒最高漲的那一刻，老師開始兜售自己更貴的課程，再借助令人炫目的聲音和燈光，讓大家下單。

這就是絕大部分培訓機構的模式，打著學習的旗幟去收割學生。

寧與智者爭高下，不跟愚者論短長

每個人只能以特定的水準思考，每個人都活在自己的認知世界裡，每個人都被關押在自己的思考監獄裡。

千萬不要跟愚者爭辯，他會把你的智商拉到和他相同的水準，然後用自己豐富的經驗打敗你。

遇到認知極低的人，只能降低次元去溝通，用他們能聽懂的語言，只講他們能接納的事實。

現在如果有人告訴我一加一等於三，我也會說你真厲害，完全正確。

如果你和愚蠢的人理論，代表你們是同一個層次；如果你很介意愚蠢的人的看法，代表你也不比他們高明。

「井蛙不可語海」，不要跟井底之蛙談大海，因為完全超出牠們的視野；「夏蟲不可語冰」，不要跟夏天的蟲子談冰雪，因為完全超出牠們的生命範疇；「凡夫不可語道」，不要跟普通人論「道」，因為他們根本就聽不懂。

為殘酷的真相裹上糖衣

真相是非常殘酷的，同時真相的威力也非常大。如果搞不清真相（本質），會被周圍的人和事傷害，遭受現實的苦。但是如果把真相看得太清楚，又會變得很孤獨，不夠合群，遭受各種精神痛苦。

因此，人既不能活在假象裡，也不能活在真相裡，而是應該活在希望裡。人一旦發現人生沒有希望，才是真正的絕望。

如何為殘酷的真相裹上一層糖衣，餵世人吃下這顆甜甜的藥，讓他們看到希望，而不是看到真相？

人生的意義，不是追求真相，而是要看透世界的真相後依然熱愛。那些能夠帶領大家看到希望的人，就是世界上真正的英雄。

理性與感性缺一不可

人的認知由兩部分組成，第一部分是人性，第二部分是規律。

對人性的認知，是心法，靠的是感知和同理的能力，人性即人心，偏重感性方面。

對規律的認知，是演算法，靠的是邏輯思考和推導能力，規律即趨勢，偏重理性方面。

「人性」和「規律」也是認知的兩條脈絡，互相交織，類似DNA雙螺旋結構，互相支援，不可分割！

想一想提神醒腦——讓他人為你所用

讓他人知道你有多優秀，並不是多麼了不起的事。

相反的，讓他人知道他在你眼中有多優秀，從而讓他為你所用，才是真正了不起。

所以，不要再逢人就證明你有多厲害，而是要善於發現他人的厲害之處，然後讓他成為你的輔助者，這才是做人的大道。

01．高手還是小白？

《道德經》說：「知其雄，守其雌，為天下谿。為天下谿，常德不離，復歸於嬰兒。」

意思就是，知道他人的特點，同時又能守住自己的特性，是應對一切變化的根本，於是一切返璞歸真，回歸到最簡單卻又最根本的狀態。

有個詞叫做「兩極相通」，意思是，事物的兩個極端，在表面上看起來是一樣的，比如「大忠似奸，大智若愚」。

在旁人看來，高手和小白很相似，都充滿純真；高人跟普通人也一樣和藹可親，但他們的「核心」不一樣。小白的純真，是未經世事的幼稚和單純；高手的純真，是經歷世事的無數渾濁後，淨化出來的純真。普通人的中庸，是碌碌無為的平庸；而高手的中庸，是高明之後故意讓自己看起來中庸，就是「極高明而道中庸」。

真正的天真，不是生下來就純真，而是歷經滄桑之後還能保持天真；真正的樂觀，不是生下來就樂觀，而是經歷黑暗之後還能保持樂觀。

02．行為勤奮而大腦懶惰

「靜」中藏了一個「爭」字，
「穩」中藏了一個「急」字，
「忙」中藏了一個「亡」字，
「忍」中藏了一個「刀」字。

做人，誰不想清淨？但是要想實現真正的靜，不是逃避，不是佛系，而是必須有當仁不讓的決心，該爭的一分都不能少，爭取你該擁有的，之後才能獲得人生真正的安靜。

做人，誰不想一帆風順？但想實現真正的安穩，不能靠安逸，不能靠一成不變，而是必須有雷厲風行的做事姿態。

越忙，越要釐清自己，不要用行為的勤奮去掩蓋大腦的懶惰。

越想要戰勝對方，越要忍。要麼不出手，只要一出手，就手起刀落，乾淨俐落。

03．有缺失才會炫耀

現代社會競爭的本質，就是少數人掌握社會主要資源。要想成為「少數人」，就必須修練出理性且成熟的人格，擁有近乎完美的人性。

《道德經》說：「有無相生。」一個人只要內心有所「缺失」，就會於外在有所「炫耀」，就會有需求，就會被他人捏住把柄，就會被現實教育，就很難成為少數人。

無論是創業、職場，還是人際、戀愛，人生最終修練的還是自己。知人者智，自知者明；勝人者有力，自勝者強。

04．低水準的重複

學得到的都是知識，學不到的才是智慧。
學習的真正目的，是建立更好的思考模式，而不是獲取知識本身。
一個人如果思考模式落後，無論吸納多少資訊，都只是低水準的重複。
一個人如果思考模式先進，即便只看到一滴水，也能見到整片大海。

05．一直誇你不是為你好

毀掉一個人，最好的方式不是咒罵他，而是竭盡全力地誇獎他。

人性使然，每個人都喜歡聽好話。

反覆地誇，千方百計地誇，誇得他飄飄然，無法看清周圍的世界，導致他做出錯誤的決策，這就是捧殺。

所以面對捧殺，我們一定要保持頭腦清醒。

06 · 常識不再是普通人具備的知識

「常識」才是決定一個人成敗的關鍵。

絕大部分人的失敗，都是因為缺乏「基本常識」。

蒙格認為，所謂常識，看似是平常人都能掌握的知識，其實恰恰相反，常識在現在這個時代變成了普通人不具備的知識。

因為普通人一生都在追逐「訣竅」，或者追捧成功者的經驗，導致喪失基本的邏輯能力和判斷能力。

絕大部分人不過是人云亦云之輩，他們被凌亂的資訊包圍和轟炸，早就喪失獨立思考的能力，成了眼睜睜的瞎子。

所以現代各種挖坑手段不需要太高明，就可以讓人前仆後繼地跳下去。

07・無知才敢大聲

蘇格拉底說：「我唯一知道的事，就是我一無所知。」
層次越高的人，越會承認自己的無知。
因為一個人知道得越多，不知道的東西就更多。
所以發現自己的無知，需要極高程度的認知。
敢於承認自己的無知，不僅是智慧的表現，更是勇氣和自信。
不敢面對自己的無知，拚命炫耀自己已經知道的，是內心自卑的表現。

08．問問題的藝術

獲得他人欣賞的最好辦法就是請教對方，給對方指導你的機會。幾乎沒有人不喜歡他人傾聽自己的想法。

說話者最迫切表達的，永遠不是內容本身，而是背後迫切希望被理解的心情。所以你無論聽不聽得懂，不斷地點頭和認可即可。

記住，問他人問題，而不是當對方的老師，指點對方。

09．真正的專家不講技術

真正的菁英之間的對話，從不是一開口就談生意，而是先談人。他們從瑣碎的聊天內容窺見一個人的價值觀、層次、能力和資源。因為他們明白，人是一切問題的核心。他們只負責搞定人，下面的人才負責搞定事。

張嘴就談經濟的經濟學家充其量只是二流的經濟學家，張嘴就談策劃的策劃專家充其量只是二流的專家，張嘴就談創業的創業者充其量只是二流的創業者。

真正駕馭某項技能的人，早已不被技能束縛。他們能直達本質，把專業講得通俗易懂。就好像真正的得道高僧，他如果開導你，肯定不會講解難懂的經文，而是舉身邊最簡單的例子，比如倒水、喝水，在談笑間讓你頓悟。

10．寬容是為了自己

寬容，根本不是美德，而是認知，是對世界和人性深刻洞察後的聰明行為。

善於原諒他人，其實就是善於放過自己。抓著他人不放，往往就是抓著自己不放。

放過自己，才是人生最大的智慧。

11．滿腦子都是「我知道」

《道德經》說：「散則為器，大制不割。」意思是，真正的器具，真正的大格局，都是無邊界的，邊界越多，分割得越多，標準就越多，人的思考障礙就越多，跟日新月異的世界無法相容，眼裡全是各種框架。

世界上最可怕的不是找不到答案，而是滿腦子都是標準答案，滿腦子都是「我知道」。

人生就是一場修行，修行的最高境界，其實就是「放下我執」，放下我執，就是不再拘泥於自己的認知局限，打開自己的思想邊界，以一種開放的眼光審視世界。

第六章

所謂傳奇故事不過是倖存者偏差

世界上所有成功的背後都有運氣的成分，
很多成功都是偶然，而非必然，
但是一次偶然的成功卻可以包裝成
各種傳奇故事不斷販賣。

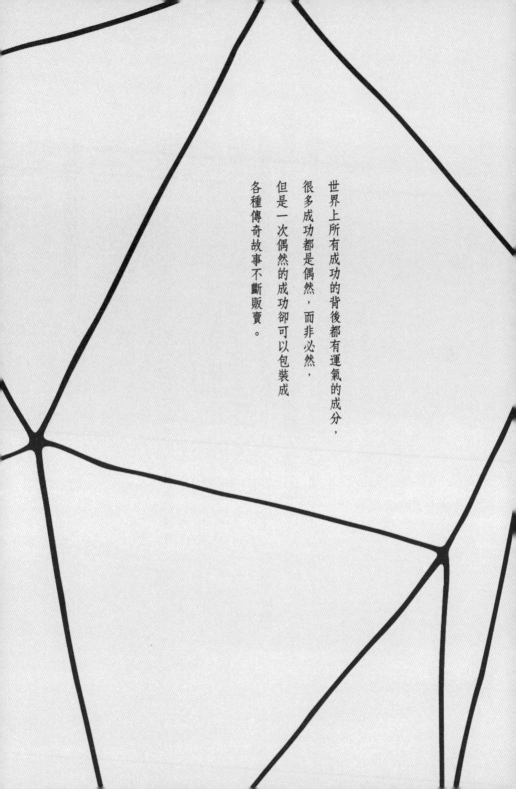

什麼是倖存者偏差？

生活在兩千多年前的西塞羅（Marcus Tullius Cicero）是無神論者。

有一次，他的朋友勸他：「去拜拜神吧。」

他反問他的朋友：「我為什麼要去拜神？」

他的朋友說：「在海難上，活下來的都是拜神的人。」

西塞羅聽聞後說道：「那些拜神被淹死的人，無法再張口說話，而那些拜神沒被淹死的，才能回來告訴你：我是由於拜神才活下來的。」

這就是倖存者偏差。

沒看到的才是最嚴重的

第二次世界大戰期間，英美對返航的戰鬥機進行彈痕分析，發現彈痕集中在機翼部位，而駕駛艙和油箱彈痕很少，於是他們決定加固機翼裝甲。

然而統計學家卻指出：軍方能夠收集的樣本全是返航飛機，其中多數是機翼中彈，代表即使機翼中彈，飛機也有很高機率能夠成功返航，而恰恰是那些沒有什麼彈痕的部位，比如駕駛艙和油箱，一旦中彈，飛機往往連返航的機會都沒有，所以需要加固的，是那些沒有或很少彈痕的部位。

唯一的倖存者

再舉兩個倖存者偏差的例子。

第一個例子：

一〇二四人，每人面前皆有一扇門，這些門中，一半是生門，一半是死門，也就是說，這一〇二四人中，有一半人會死，一半人能活下來。

再往前走，剩下五一二個人，其中依然一半是生門，一半是死門，最後剩下二五六個人。

遊戲還沒有結束，再往前走，依然是一半人活下來，漸漸剩下一二八人、六四人、三二人、十六人、八人、四人、兩人，直到最後只剩下一人，遊戲終於結束。

最後剩下的這個人，即是倖存者。

如果你問這個倖存者：成功的原因是什麼？

他會告訴你：只要一直向前，一直用力推開那扇門，就會成功。

他確實是做出這樣的努力，取得成功，可是綜觀全域就會明白，他說的只是「一部分」真相。

他是眾多死亡者中唯一的倖存者，還有一〇二三人，死在那場競爭裡。

第二個例子：

你發現一個人很厲害，竟然能爬上一百層高的大樓，於是你問他是怎麼上來的。

他說自己是做伏地挺身上來的，這也太不可思議了。一個傳言散布開來：有人居然靠做伏地挺身，爬上一百層高的大樓。

於是大家開始練習伏地挺身，期望能跟他一樣創造奇蹟。

但實際上，他是搭電梯上來的，只不過在電梯裡做了幾個伏地挺身而已，至於他究竟是在電梯裡做伏地挺身還是打太極，跟他能爬上那麼高樓沒有任何關係，只不過他從不對外坦承自己是搭乘電梯，不然就沒有傳奇性了。

這兩個例子，是倖存者偏差的最佳例證。

成功者只是倖存的極少數

或許你也有感，以前的舊物幾十年了還好用，現在的東西品質太差。實際上，那是因為能用到現在的舊物肯定都是好用的，不好用的早就扔了。

或者你也有同樣經驗，一件東西不需要用的時候，經常出現在眼前，需要用的時候，卻總是找不到。那是因為絕大多數時候你不需要，所以當然更常出現在你不需要的時候。

還有一個現代常聽到的說法：找工作不如創業，創業更容易走向人生巔峰。然而實際上，大多數創業者都賠得血本無歸，只是他們沒機會也沒心情跟他人分享失敗的經驗，而所剩無幾的成功者，其成功故事經過各種包裝和宣傳，以致大眾忽略了失敗的大多數，只記得成功的極少數。

而這些極少數成功的人，其成功原因到底是自身的能力，還是運氣好抓住了機遇，很難說清楚。可是他成功了，因此有機會站上舞臺，告訴他人：我是如何成功的，你們也可以跟我一樣。

但是他的經驗真的適用於普羅大眾嗎？也不盡然。

現實生活中這樣的例子很多，有些人因為偶然因素而成功，就被所謂的成功學大師包裝成經典案例。

世界上所有成功的背後都有運氣的成分，很多成功都是偶然，而非必然，但是一次偶然的成功可以包裝成各種傳奇故事不斷販賣。

這些成功者在公眾面前大談成功之道，分享自己的成功經驗，但這僅僅是倖存者偏差而已。

我們更應該關注失敗者的失敗教訓，而不是成功者的成功之道。

為追逐成功繳納「智商稅」

很多人都相信傳奇，活在雞湯裡。越是能滿足幻想的傳奇，越容易讓大眾瘋狂和著迷。相較之下，真相和價值太普通了，大眾對此根本毫無興趣，所以充耳不聞。

這些雞湯和傳奇不僅滿足了許多人的幻想，也讓許多人放棄奮鬥和成長，轉而尋求各種捷徑，渴望能一夜致富，從而越陷越深……

其實，很多人追求的從來不是真相和價值，而是各種情緒安慰，各種心靈雞湯，各種編織的謊言。

於是，那些成功人士和「大師」，把自己的經歷刻畫得非常傳奇，畢竟只有傳奇才能流傳至大街小巷，只有傳奇才能有故事，而大眾想要的就是各種故事，而非真相。

現在很多人失去沉澱和反思的能力，被欲望和貪婪蒙蔽了雙眼，他們其實從沒有想過要改變和提升自己，只想一夜致富，迅速得到好處，或者花錢買捷徑。

正因為太多人在找成功的捷徑，導致許多投機者見縫插針，利用大眾急於求成的心理，宣傳自己的重大理論和發現，聲稱找到成功的捷徑或訣竅，可以避免繞遠路，讓許多人趨之若鶩，這其實就是在收「智商稅」。

傳奇故事在社會上廣為流傳，越傳越神，讓大眾以為自己也可以成為那個幸運的人，於是把希望押注在那些偶然的事情上。

如此一來，追隨者的成功就是偶然，失敗就是必然。

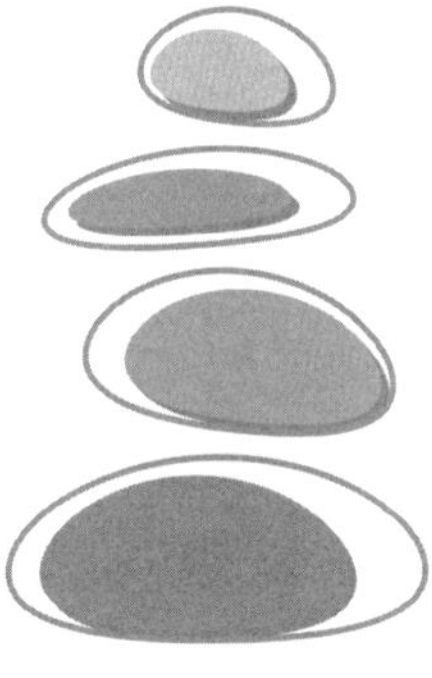

第七章

透過假象追求眞相和眞理

千萬不要執著於事物的表象，
這就是《金剛經》裡強調的
「應無所住而生其心」。

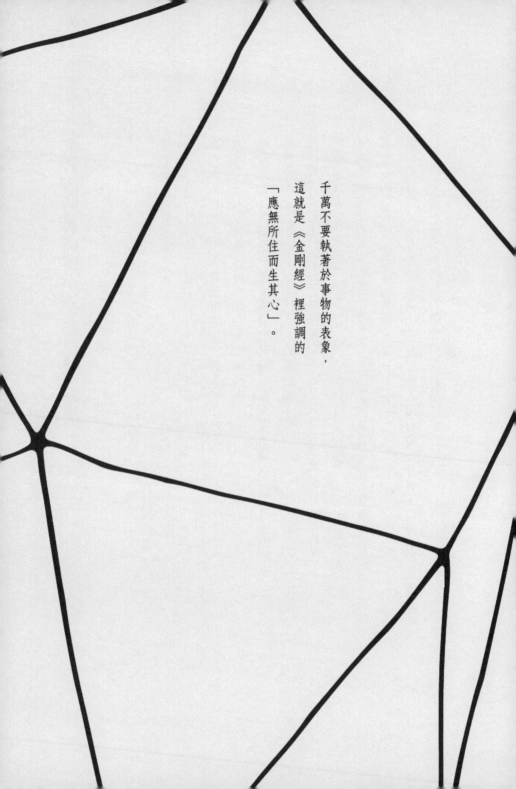

低智商的善良還不如高智商的冷漠

你的善良也需要鋒芒。

否則，低智商的善良還不如高智商的冷漠。

有時你是好人，但未必是好老闆、好家長、好主管。

因此，好人未必有好報，好心未必辦好事。

總有些人自以為給予他人滿滿的幫助，其實帶給他人的是各種倒忙。

社會進步最大的阻力並非壞人，政府提高作惡的成本，壞人就會自行消散。社會進步最大的阻力往往是那些數量眾多，且缺乏智慧和遠見的濫好人。

哲學家羅素（Bertrand Russell）說：「若理性不存在，則善良無意義。」

經濟學家海耶克（Friedrich August von Hayek）說：「當善良失去原則，可能比惡還惡，因為善將淪為惡的幫凶。」

蘇格拉底說：「無知即無德。」無知的人沒有資格行善，因為他們的善良缺少智慧為核心，不僅助長邪惡，還會殃及自身。

當善良成為信手拈來的旗幟和牌坊，被毫無節制地掛在嘴邊，在世間恣意橫行，善就變成了惡，因為其以善良之名製造了無數惡人。

的確，世間最大的惡，往往是以善良之名到處橫行。很多人正是以善之名，悄悄犯下各種罪惡。

是誰在搞鬼

世上總有一些人喜歡求神問卜，迷戀那些鬼神之事，這其實是現代人內心越來越脆弱的表現。

大家是否發現，所有恐怖片最後都告訴觀眾兩個道理：

第一，世界上沒有鬼，是人在搞鬼。

第二，鬼不可怕，可怕的是人心。

所有見過鬼的人，都放下了，開始好好做人。只有那些脆弱的人，依然把鬼神掛在嘴邊。

堂堂正正做一個好人，內心強大的人，沒有任何鬼神能影響你。

世上所有的成功都離不開愚蠢

這個世界上，所有的成功，都離不開愚蠢的反襯。

正因為大眾有愚昧無知的一面，才成就了世界上極少數人。

很多自以為聰明的人，為了世上太多愚蠢的人而痛苦，其實這是自討苦吃，杞人憂天。

因為一個人要成功，必須建立在一個條件上——你比周圍的人聰明。如果你發現周圍的人個個聰慧，你就很難有出頭之日。

所以，當你發現很多人都很愚蠢的時候，你應該慶幸，這證明你比他們聰明，你比周圍的人更容易邁向成功。

你遇到的每一個愚蠢的人，都是來渡你的。他們衝撞你，是為了提升你的格局和修養；他們埋頭做傻事，是為了把機會讓給聰明的你。

能跟聰明的人相處融洽，最多證明你也是個聰明的人；但能跟愚蠢的人相處融洽，則證明你是有大智慧的人。

比起真相，人更忠於自己的幻想

存在即合理。

首先，這個世界本身就是不合理的存在。

舉例來說，我說：「我在說謊。」

這句話是真話還是假話？

如果你認為是真話，但我都說了我在說謊，所以這句是假話。

如果你認為是假話，但我已經說了我在說謊，所以這句是真話。

這個世界本身就是一個悖論。

所以，很多事情根本沒辦法探究真假，世界上不存在客觀的真假。真和假都是人內心投射出來的，真到假處真亦假，假到真處假亦真，真和假可以隨時轉換。

我們始終有一種錯覺，認為自己忠於真理和真相。但實際上，我們不過是忠於自己的幻想。

那些為大眾提供真相的人會遭到一致唾棄；而那些為大眾提供美好幻想的人，卻可以成為大眾的主人。

越是滿足大眾幻想的傳奇，越容易讓大眾瘋狂和著迷。而真相往往太普通，大眾根本不感興趣，充耳不聞。

大眾之所以看不到真相，也是因為真相往往複雜又殘忍。一個人若沒有足夠的勇氣和智慧，即便你把真相和價值呈現在他面前，他也無法接受。

絕大部分人追求的都是情緒安慰、心靈雞湯。對世界來說，「秩序」永遠比

「真相」更重要。因為唯有有條不紊的秩序才能讓世人安穩地生活，而過於追求真相，是世人最大的執念。

不執著表象，才能看到真實的世界

世界上真正的高手，是透過構建故事去影響他人。而那些看穿的人只能看破卻不能說破，因為這個「相」必須維持下去，世人才能有條不紊地生活。

我們可以看透全局，但千萬不能說破，因為一旦「相」被揭開，很多秩序就會澈底混亂。

凡是揭開「相」的人，也就是讓大眾幻滅的人，都會成為千夫所指。古往今來，這種人物實在太多。

比如蘇格拉底，他明知道自己處於「眾人皆醉我獨醒」的狀態，卻仍然「知其不可為而為之」，苦心勸人省察人生、潛心向善。最後，他被冠上「褻瀆神明」和「腐化青年」的罪名處以極刑。

他死於不理解自己的同胞之手，還被認為是罪有應得，死有餘辜，這就是堅持說真相的下場。

又比如《國王的新衣》這個眾所周知的童話，故事中，面對全身赤裸出行的國王，所有人都豎起大拇指，誇他的衣服漂亮。唯獨一個天真的小孩戳破：他明明什麼都沒穿啊！剎那間，尷尬無比，因為他撕開了世界的假象，讓人無所適從。

假到真處假亦真，把假戲做到極致，就是真的了。

千萬不要執著於事物的表象，《金剛經》裡強調「應無所住而生其心」，意思是，當你不再執著於表相，才能看到真實的世界；這也叫做「不著相、不住相」。

你的心境到達哪個層次

很多時候我們都知道彼此在說客套話，大家心知肚明，這就形成一種秩序，叫做「借假修真」，亦即借著假的事物來追求真相和真理。

其實絕大多數人都活在假象裡，而且樂此不疲。這是必然的，也是合理的。因為每個人都不一樣，有人聰明，有人愚蠢；有人勤奮，有人懶惰。要讓聰明能做的人去引領愚蠢懶惰的人，社會才會進步。

愚笨的人根本沒必要知道那麼多真相，埋頭苦幹就行了，這些人如果知道太多，想得太多，反而會消解社會的合力。

真和假都是表面，關鍵在於自己的心境能不能達到那個層次。

《孫子兵法》說：「虛則實之，實則虛之。」意味著你看到的「虛」，往往是「實」；你看到的「實」，往往是「虛」。

《道德經》說：「天下萬物生於有，有生於無。」有無本來就是相生的，我們不必太計較「有」或者「無」。

你的故事裡反派是必要的

「孤陰不長，獨陽不生」，單一條件再極致，都不能孕育生命和促進生長。「水至清則無魚」，如果一盆水清澈得連細菌都沒有，魚就沒辨法生存。即便是健康的人身上，也有壞的細菌和病毒，也有原癌基因。有人成為好人，就必然有人成為壞人。好和壞互相制衡，產生繽紛多彩的世界。

壞人的存在，讓好人印證自己是好人，讓人們區分善與惡。壞人的行為，時刻都在提醒好人：只有善良是不夠的，還必須有雷霆手段。壞人的作用，促使社會制定出一系列的制度、法律，讓人自覺遠離邪惡，確保社會向文明的方向發展。

我們必須像壞人一樣努力，才能讓壞人沒有機會。

想一想提神醒腦——取得成功的邏輯

請記住以下三句話：

第一，人們最想表達的，不是內容本身，而是迫切被理解的心情。

第二，人們最想看到的，不是真理或真相，而是各種希望。

第三，人們最想得到的，不是價值，而是各種捷徑和小便宜。

因此，千萬不要把你認為的真相告訴他人，也不要把你認為的價值強加於人，你只需要理解每個人的狹隘，在他們的認知範圍內，用他們的語言跟他們溝通，你就能大獲成功。

這就是在俗世取得成功的邏輯。

第八章

維持世界運轉的兩套秩序

凡事皆分為陰陽對立的兩面，
社會也有兩套秩序維持運轉。

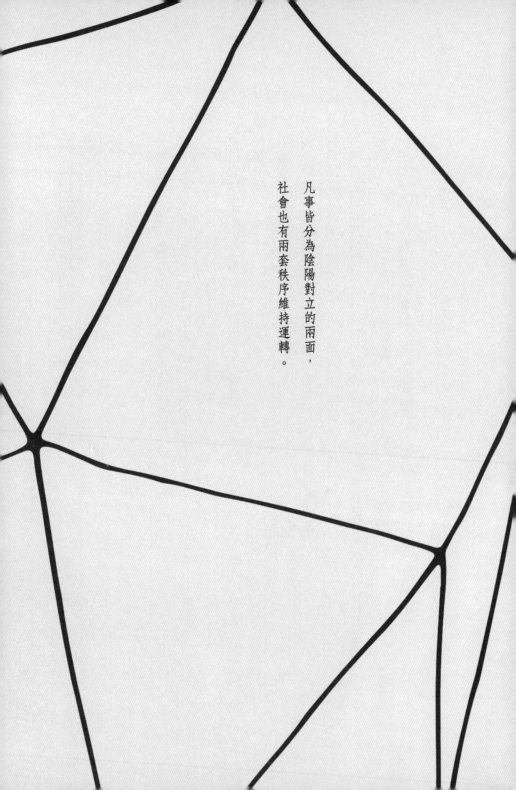

只能做而不能說的事

凡事皆分為陰陽對立的兩面，社會也有兩套秩序維持運轉。

第一套秩序掛在嘴上，是浮在表面的，只說不做，停留在口號和嘴上，屬於陽。

第二套秩序藏在心裡，是利益得失，是潛在水下的，只做不說，應用於實際行動，屬於陰。

陰陽兩者相輔相成，誰都離不開誰。

簡而言之，就是有些事只能做不能說，有些事只能說而不能做。

社會上各行各業都有潛規則，「潛規則」即第二套秩序。

所謂真正的成熟是看破而不說破，指的也是第二套秩序，可用於實戰，但千萬不能說。

一個人整天掛在嘴上說的事情，往往都是噱頭，他真正在做的事，反而不能說出口。

誰是你的朋友，誰是你的敵人

第一套秩序是幌子，你千萬不要被迷惑，不要用以衡量或推導未來的事，而要用第二套秩序分析事物的關聯和必然。

這就是利益分析法，利益關係是第二套秩序的根本。

所謂利益分析法，就是將遇見的每一件事，迅速切割成不同的利益方。你的每一個言行，對誰有利，針對誰？有利的人即是你的朋友，針對的人即是你的敵人，如此劃分敵我關係。

不過要切記，沒有永恆的朋友，只有永恆的利益。利益一轉變，你的敵人和朋友也會迅速改變。

同樣的，在組織裡，每個決策皆要分析符合誰的利益，傷害了誰的利益。符合利益的那幾方，一定會形成利益共同體；利益受損的那幾方，也會形成利益聯盟。

兩方陣營都會舉著第一套秩序的道德大旗，去爭取第二套秩序的利益。

決定一個人的前途和命運的，表面上是靠能力和機遇，實際上是看他和誰形成「利益共同體」，看他代表誰的利益。

重要的是，用這個辦法推導出來結論後，要迅速用第一套秩序包裝起來，一定要披上道德的外衣，千萬不可赤裸裸地談利益，否則會被人抓住把柄。

因為第二套秩序是「不可說」的，而第一套秩序的存在價值，就是為了讓我們自圓其說。

不能做卻必須說的事

一個人越缺少什麼，越會炫耀什麼。同樣的邏輯，一個社會越缺少什麼，越會宣揚什麼。

社會上經常看到那種教人賺錢的導師，教人投資的專家，這些人說的道理都很好，但永遠停留在理論層面，如果一個人真正靠投資賺了大錢，一定不會整天奔波為人講課，早就悶聲發大財了。

因此，那些站到檯面上的人物，很多都是「大騙子」，包括很多名人，如果你完全按照他們的理論去做，必輸無疑。

除此之外，我們也經常在各種場合聽到一些成功人士的經驗談，其中總是提到努力和堅持，但實際上，他成功的真正原因，往往是不便說出口的。

很多企業家嘴上掛著的是公益，心裡想著的卻是生意。

懂得這個道理之後，就能瞬間想通很多過去想不通的事。

比如，很多人總是在嘴上爭強好勝，這麼做很愚蠢，因為這些人在現實中往往是失敗者。

比如，要小心那些嘴上說得很好聽的人，這些人內心盤算往往更深。千萬不要輕易相信一個人說的話，而要看他的實際行動。

比如，我們經常說某些人「說一套，做一套」，很虛偽，但是這種心口不一的人，往往在社會上很吃得開。

而很多人之所以活得痛苦，是因為他只看到第一套邏輯，而看不到第二套邏輯。或者是因為他們用第一套秩序（道德）的邏輯，去實踐第二套秩序（利益）

的事情。

為什麼老實做事的人往往會吃虧？因為他們用第一套秩序做事，但第一套秩序是只能說而不能做的。

為什麼說實話的人往往到處碰壁？因為他們把第二套秩序說了出來，第二套秩序是只能做而不能說的。

重要的是，無論社會怎麼發展，都必須奉第一套秩序為上，尊第一套秩序為正統。

唯有如此，人才能活在希望裡；唯有透過做那些美好且充滿正能量的事情，才能更好地推動社會進步。

01・好人和壞人

老鼠從來不認為自己吃的東西是偷來的。

蚊子從來不認為叮咬人類是錯的。

蒼蠅從來不覺得大便又髒又臭。

蠍子也從不覺得自己有毒。

在烏鴉的世界裡，天鵝都是有罪的。

人說老鼠是壞東西，因為老鼠偷吃我們的糧食；但對老鼠來說，這叫覓食。

人誇獎蜜蜂勤勞，因為蜜蜂為我們釀蜜；但對蜜蜂來說，這是基本需求。

所謂害蟲和益蟲，都是人類按照自己的利益標準劃分的。

所謂的好壞，也是強者按照自己的立場去劃定的。

因此，世上沒有純粹的好人或者壞人。你傷害他的利益就是他眼裡的壞人，你符合他的利益就是他眼裡的好人。

02 · 富人和窮人

富人之所以富有，是因為掌握了更高水準的認知，擁有更強的奮鬥精神。富人更願意帶領窮人提升認知，而不是直接給窮人錢，那樣會害了窮人，因為如果窮人的認知不提升，即使有錢也是暫時的。

然而世界上有幾個窮人勇於面對自己的無知和懶惰，澈底屏棄自己的壞習慣和秉性？

窮人雖然常向富人取經，但即使富人把致富的真相說出來，也沒有幾個窮人能接受。百分之九十九的窮人活在雞湯裡，活在心理安慰裡。他們寧可面對美麗的謊言，也不願意接受殘酷的現實，因此永遠在自欺欺人，掩耳盜鈴。

「江山易改，本性難移」，百分之九十九的窮人表面上也想提升自己的認知，但其實他們更想要快速致富的捷徑，想要占便宜。假使富人告訴他們如何提升認知，窮人反而會批判他們，因為窮人認為這個不能直接賺到錢，是沒用的大道理。

這就是所謂「下士聞道，大笑之。不笑，不足以為道」。

03．成長和成熟

成長是做加法，成熟是做減法。

真正的成熟就是把百分之八十的精力花在百分之二十的事情上。

事情只有越做越少，才能越做越精。

04．天賦和障礙

每個人身後都默默站著兩個「元神」。

第一個元神叫「天賦」。天賦是我們跟上天的接口，你若感知不到，人生就會兜兜轉轉，不知所措。

第二個元神叫「障礙」。很多人把「障礙」當成必須去除的敵人，實際上它是我們隱藏的朋友，以另外一種方式指引我們。

所謂「開掛」的人生，就是好好利用這兩大元神。

05．高手和普通人

普通人思考問題是按部就班，由A推導出B，B推導到C，再推導出D，最後得出E，然而高手可以由A直接推導到E。

就像開車，普通人是手排檔，需要一段段加速，而高手是自動排檔，可以無段變速。

所以，高手必須和那些同樣能進行思考跨越的人在一起，才能激盪出智慧的火花。

如果他們和一群普通人探討問題，就不得不反覆演練B、C、D等一段段檔位，還要解釋自己為什麼省略那些步驟，以及省略得是否合理……導致思考嚴重受阻。

06 · 兩種悲劇和兩種痛苦

生活中的兩種悲劇：
第一種是沒有得到你想要的。
第二種是已經得到你想要的。
人生的兩種痛苦：
第一種是成功之前。
第二種是成功之後。

07．「化繁為簡」和「化簡為繁」

很多高人擁有「化繁為簡」的能力，卻不這樣做，為什麼？理由很殘酷，因為這樣做賺不到錢。

因為大眾只願意為複雜的東西買單，他們總是被複雜的描述和手法所打動，越是天花亂墜的東西越能讓他們著迷。

「化繁為簡」是智慧，「化簡為繁」是商業。

08．「強者思考」和「弱者思考」

人的思考分為兩種，一種是強者思考，另一種是弱者思考。

所謂「強者思考」，是發現並遵循世界的客觀規律，從而不斷向上和進取，是一種自我救贖的文化。

所謂「弱者思考」，是把自己放在被救贖的位置，渴望透過依賴去生存，是一種期待救世主的文化。

「強者思考」注重的是創造和開創，「弱者思考」注重的是依靠和跟隨。

「強者思考」專注於客觀規律，實事求是，自力更生；「弱者思考」專注於人性的弱點，互相算計和鬥爭。

「強者思考」喜歡遵守規則和秩序，期望透過自身的強大去解決問題；「弱者思考」則是特權主義，期望能破格獲取，得到恩惠和照顧。

「強者思考」的核心在於獨立性，一旦你發現只有自己才能幫自己，就擁有「強者思考」；這即是《周易》中說的「自強不息，厚德載物」。

但是擁有「強者思考」的人很少，因為太獨立了，必須擁抱孤獨，正面迎擊各種問題，因此很多人不自覺拋棄這種思考；而「弱者思考」易學、易懂、易用，逐漸成為主流的思考。

上天往往更偏愛擁有「強者思考」的人，所謂自助者，天助之。一個人擁有「強者思考」，從獨立走向強大，所有人都會幫助他。

相反的，一個人若始終是「弱者思考」，遇事就祈求他人和外界幫助自己，所有人都會避開他、遠離他。

這就是強者越來越強，而弱者越來越弱的原因。

09．嚴以待人，寬以律己

做人有三種境界。

第一種境界是自己沒做到，卻要求他人做到。

第二種境界是自己做到了，要求他人也做到。

第三種境界是自己做到了，不要求他人做到。

社會上很多人都是第一種境界，自己做不到聖人的標準，卻時刻以聖人的標準要求他人。

10．富人在吃苦，窮人在享樂

過去的窮苦人家，吃的是缺衣少食的苦，而現在即便是最底層的人，也不會為溫飽而發愁了。再加上網路上各種精神慰藉豐富，遊戲、直播、娛樂節目，應有盡有，可以盡情沉迷，隨便放縱。

因為社會已經有足夠能力圈養所有人，即便是一些沒多少錢的人也不需要吃苦，反而是過得更安逸舒適，天天看短影音、直播和娛樂節目，玩玩遊戲，在手機 App 上買買東西。

如今這個時代，輪到富人吃苦了。因為富人為了讓他的財富保值或增長，必須主動嘗試很多東西，主動改變自己很多習慣，要不斷進步，日日精進，付出很多倍的努力才能創造和守住財富。

11．壞人得道，好人難做

這個世界對壞人十分寬容。俗話說，浪子回頭金不換。無論那些壞人之前的罪孽多麼深重，只要有一天改邪歸正，地位就會被捧得非常高。

這個世界對好人卻十分嚴苛。如果你被稱為好人，就必須做到完美無缺，大家會把所有的道德枷鎖扣在你身上，萬一哪天你有一點點沒有做到，過去所做的好事都會一筆勾消，甚至被人當成妖魔。

這個世界的好人或英雄，天生就要遭受更多的磨難。

12．男人有問題，還是女人有問題？

男人說：一個國家的女性水準，決定這個國家的整體水準。

為什麼？

首先，如果這個國家的女性素質優良，就能夠教育出素質優良的孩子。

更重要的是，男性很容易受女性的價值觀所引導。比如，女性追求精神和靈魂，男性為了適應這種需求，一定會變得更有智慧。

如果女性眼裡只有錢和物質，男性就只顧拚命賺錢，而忽視精神層面。

因此，女性強，則男人強，則國家強。

女人則說：男人不要這樣甩鍋，明明是一個國家的男性水準，決定這個國家的整體水準。

為什麼？

首先，如果這個國家的男性素質優良，社會的整體風貌就會奮發向上。

更重要的是，女性很容易受男性的價值觀所引導。比如，男性追求內涵和心靈美，女性為了適應這種需求，一定會去豐富自己的內在。

而如果男性眼裡只有年輕漂亮，女性就只能拚命整容，而忽視提升修養。

因此，男性強，則女人強，則國家強。

到底是男人出了問題，還是女人出了問題？

如果男人只從男性的角度出發，或者女人只從女性的角度出發，便會認為是對方有問題，最後導致互相指責。

唯有站在對方的角度來看自己，才能發現問題出在哪裡。

13．柔軟的殼和堅硬的核

每一位成功的人，都有一個柔軟的殼和一個堅硬的核。

柔軟的殼，是跟世界和平相處的能力，能理解每一個人，和不同層次的人溝通，隨時「向下相容」，不容易被戳傷，也不輕易刺傷他人。

堅硬的核，就是明確自己的核心競爭力，堅守自己的核心價值觀，時刻被他人需要，且知道自己需要什麼。

一個軟殼，再加一個硬核，剛柔並濟，才能在社會上立於不敗之地。

14．害人之心與防人之心

一個人只要初心是好的，所有手段都得到好的結果。

一個人只要初心壞了，所有手段都得到壞的結果。

因此手段不分好壞，關鍵在於使用的人有沒有問題。

如今這個時代，很多人宣稱自己的商業模式多麼合理、合法、合情，殊不知這根本不是關鍵，關鍵在於他們的初心出了問題，總是想盡快賺到錢，撈一把就走，這種心態下滋生的手段和模式，無論設計多麼精巧，都會為社會和他人造成巨大破壞，必遭天譴。

「害人之心不可有，防人之心不可無」，我們不僅要避免害人的初心，更要確保自己不被人害。不去害人是一種品德，不被人害是一種能力，兩者缺一不可。

一個是防我之心，一個是防人之心。

不過，做人更難的不是防人，而是防我。我們總是對外界的欺騙充滿警惕，卻對自我的底線疏於防範。
不忘初心，方得始終。

15．值錢與不值錢

若一個人夠值錢，所有的衣服只是陪襯；
若一個人不值錢，就只能用值錢的衣服陪襯。
因此，有的人，需要穿奢侈品和名牌才有自信；
而有的人穿得非常普通，卻總被人認為很尊貴。

16．他人的平庸與自己的平庸

人性裡有一種對「尊嚴」的自我保護機制。但凡接觸到比自己更優秀的人，便驚慌失措，大腦會想方設法收集一切線索去證明他人的成功是僥倖，認為如果自己有同樣的客觀條件，定會比他們更好。

就像在學校裡，我們認為功課好的人都是書呆子，漂亮的女孩往往沒大腦；長大之後，進入社會，則議論同事升遷是因為會拍主管馬屁，同學創業成功是因為家裡提供巨額的資金支持。

為了逃避身邊人變好的結果，我們喜歡把那些變好的人拉下馬，踩在腳下，踐踏他們的光環，以獲得心理上的滿足。

彷彿只有這樣，才能證明不是只有自己庸俗，並為自己的「不成功」和「生活在底層」找到理由。

人啊，寧可證明他人平庸，也不願意面對自己的平庸。

PART 3

看清人與人及人與世界的關係界限

第九章

學會內觀才能看清世界與他人

人一旦清楚內心的阻礙，
就能超越現在的自己，
成為更好的自己。

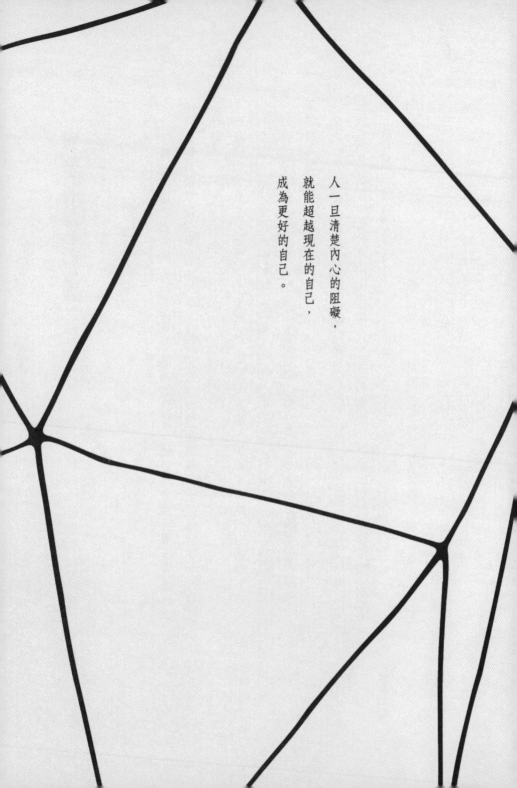

勇敢面對內心的阻礙

以前，我總把人生的重點放在確立清晰的目標、制定周全的計畫、安排詳細的日程等具體執行的事情。如今，我終於恍然大悟，這些都不是關鍵，我一直在緣木求魚。

我發現，真正阻礙我的不是能力、時間、方法、步驟，而是內心始終不敢面對的東西，我總是在躲避，比如自卑、偏見、情緒化、狹隘、無知、自私等。

內心深處的缺憾讓我一直無法抵達彼岸，現在我必須面對並接受這些缺憾，否則我會繼續原地踏步。

人一旦清楚內心的阻礙，就能超越現在的自己，成為更好的自己，就可以抵達自己的彼岸，自此不再需要他人的鼓勵和支援，更不需要他人提供優良的環境，就可以自立自強。

先搞懂自己，才能搞懂他人

一個人學會「內觀」，就能輕易破除內心的執念和障礙，戰勝自己，成為真正無敵的人。一個人唯有看清楚自己，才能看清楚世界；搞懂自己，才能真正搞懂他人。很多時候我們看不清他人，是因為我們看不清自己。

內觀，就是看清自己，然後改變自己，這是一個痛苦的過程，因為必須面對自己的種種缺點，而且要一個個解決，然而很多人根本沒有這個耐心和修養，於是本能地逃避了。

逃避之後，這些人整天叫囂著要改變世界……畢竟這件事比較容易，嘴上說說就可以了。世界上有很多這樣的人，乍看之下志向遠大，每天都喊著改變世界，要利他，要成全眾生，卻從未想過改變自己，這就是最大的悲哀。

他們對自己的問題視而不見，卻口口聲聲宣揚自己遠大的「理想」，他們捨近求遠、信口開河，所謂的「改變世界」也好，「利他」也好，都不過是逃避現實的藉口。

先搞定自己，才能搞定他人

讀了那麼多年聖賢書，我忽然開悟：原來古今中外許許多多經典書籍講的全是同一個道理：做人必須先搞定自己，才能搞定他人。

比如《孫子兵法》說：「昔之善戰者，先為不可勝，以待敵之可勝，不可勝在己，可勝在敵。」意思是，真正善打仗的人，會先讓自己成為一個不可戰勝的人，然後耐心等待敵人露出破綻。也就是說，我們必須練好內功，伺機而動。不失誤即為戰神，以不變應萬變，恆強。

比如《道德經》說：「知人者智，自知者明。勝人者有力，自勝者強。」意思是，唯有做到自知，且戰勝自己，才是真正的高手，才能剷除世界上一切困難。

《心經》開篇第一句：「觀自在菩薩。」觀自在就是觀自己，自己澈底放下執念就是自在，如此一來，自己就是菩薩。

《金剛經》的要義：「應無所住而生其心。」意思就是，唯有一個人放下所有牽掛和執念，才能看到真實的世界，活在真相裡。

王陽明提倡的心學認為：「此心光明，亦復何言？」他從小立志成為聖賢，長大後為了開悟，盯著竹子慢慢生長，幾天幾夜不闔眼，差點暈倒，卻沒有成功。後來他才恍然大悟，人的眼睛不應該往外看，而應該往內看，看自己的內心，結果很快就開悟了，這就是史冊有載的「龍場悟道」。

禪宗認為：「明心見性，見性成佛。」明心見性，就是見到自己本來的真性，明本心，見不生不滅的本性；這即是禪宗悟道的境界。

《六祖壇經》的思想精髓：「心平何勞持戒，行直何用修禪。」如果把心修好了，還需要持戒嗎？換句話說，即使你每天吃素，但心性未開化，持戒又有什麼用？同樣的邏輯，如果你行得正，坐得端，還需要坐禪嗎？亦即你每天坐禪，但是行為混亂，那坐禪又有什麼用？

《周易》的核心理念，「自強不息」與「厚德載物」，其實就是告訴我們永遠要靠自己，把自己搞好了，一切外物就來了。

審視自己，審視他人，審視世界

一旦你真正開始審視自己，就會忘掉他人和世界，跟自己對話。如果一個人連審視自己的勇氣都沒有，那麼他審視他人和世界，都是虛妄、欲望和逃避。

人有兩隻眼睛、兩隻耳朵、一張嘴和一個鼻子，但沒有一個器官是對著自己的，都是朝向他人，因此遇到問題的時候，往往第一時間想到的皆是他人的問題、環境的問題。

一個人開悟的標誌，就是讓這些器官朝向自己，把他人當成我們的鏡子，來映射自己的內心，進而發現他人需要改變的地方，其實是自己某些方面的不足。

凡事從自己身上找原因，便會一天比一天強大；遇事先找他人的問題，這種人永遠不會進步，永遠都在抱怨他人。這就是人生最大的執念，讓我們不斷惹是生非，這也是痛苦的根本。如果你的內在一直成長，終有一天會破土而出；如果你總是期待外來的各種機會，那麼只會被埋得更深。

01・成長的順序你做對了嗎？

小時候，覺得自己長大一定能成為大英雄，可以改變世界。長大了，發現自己改變不了世界，於是整天想著去改變他人。而後來，終於明白一個道理：人生能改變的，只有自己。

原來這才是人生成長的真正順序：改變自己，改變他人，改變世界。

如果小時候就明白這個道理，從改變自己開始，讓自己透過學習和成長變得更強大，然後再努力幫助他人成長，改變身邊的人，或許真的可以改變世界。

所以，改變世界從改變自己開始。

02．人生必經的三次成長

第一次，發現自己不是世界的中心。
第二次，發現自己不能改變世界。
第三次，認清世界後依然熱愛世界。

03．每個人都有不同的修行場

人生就是一場修行，道場不是寺院、不是山林，而是每一個當下。
如果你的婚姻有問題，愛情就是你的道場。

如果你和老闆發生衝突，職場就是你的道場。
如果你覺得人生很無聊，生活就是你的道場。
如果你找不到人生目標，定位就是你的道場。
如果你身患重症，生死就是你的道場。
道場在你的每一個受難處。
神仙都要渡劫，何況我們凡人？
過去了，你就得道了；
過不去，這就是你的天花板。

04．向內求，向外修

所謂向內求，就是當你有所求的時候，要明白在關鍵時刻只有自己能救自己，只有自己能告訴自己答案，他人只能給你指點或啟示，最終拯救自己的還是自己。求人不如求己就是這個道理。

所謂向外修，就是若你想修行提升，就要借助他人才能修自己，而不是把自己封閉起來誰也不見，甚至跑到深山老林躲著。紅塵俗世是最好的修行場。

絕大部分人都搞反了，有困難的時候總想著先去求他人；想修行提升的時候，第一時間想跑到深山老林。

05．「儀式感」是內心匱乏的表現

每次重大節日，對窮人來說都是一大消耗，因為需要各種買買買，然後各種送禮和收禮。

而對富人來說，每次過節都是一次收割窮人的機會，因為他們可以製造各種概念，讓窮人忙得不亦樂乎……

仔細觀察那些過於追逐「儀式感」的人，或者對各大節日執念太深的人，會發現他們基本上都是「外求主義者」，往往沒辦法給自己安全感、存在感、幸福感，所以嚴重依賴外界和他人，需要透過各種儀式來為自己製造這些感覺。

比如，那些一定要透過結婚紀念日，用愛人的表現來驗證對方愛不愛自己的人；比如，那些喜歡透過炫耀節日禮物，來證明自己有多好的人。

「求人不如求己」這句話非常有道理，唯有你發現自己才是自己的貴人，只有自己才能幫助自己，你才會清醒，真正活得明白。

世界就是這麼微妙：一個人若實現自我圓滿，完全可以獨立發展，所有人都來幫他；相反的，一個人若總是往外求，遇事就祈求他人和外界幫助自己，所有人都會避開他、遠離他。

因為人們都喜歡錦上添花，不喜歡雪中送炭。

06．透過他人看清自己

把他人當成自己的鏡子，照見自己。

人人都長著一雙眼睛，但這雙眼睛只向外看。幾乎人人都相信自己的眼睛，相信自己的感覺和判斷，而且往往只相信某一刻的現象，於是容易把假象當作事實，從而產生傲慢和偏見。這就是人與人之間不斷起爭執、生是非、造諸罪業的根本。

當局者迷，旁觀者清。「以銅為鏡，可以正衣冠，以人為鏡，可以明得失」，照見自己內心的這面鏡子就是「反觀自照的能力」。

《金剛經》說：「凡所有相皆是虛妄，若見諸相非相，即見如來。」意思是，我們所有直接看到的，都是假象，如果能穿透這些表象看到其本質，就見到如來了。

古詩云：「盡日尋春不見春，芒鞋踏破隴頭雲。歸來笑撚梅花嗅，春在枝頭已十分。」又有詞云：「眾裡尋他千百度，驀然回首，那人卻在燈火闌珊處。」人生需要的就是這樣一個回首，一個頓悟。

07．低頭，是為了看清自己的路

當你卑微的時候，要離眾人遠一點，因為你在人群裡也是自討苦吃。也千萬不要再去勸他人，因為你說的話沒什麼分量。

卑微的時候，默默地自己努力就好，不要宣揚自己多努力，也不要展露自己的理想，那只會成為他人的笑柄。

哭的時候沒人哄，你便學會了堅強；怕的時候沒人陪，你便學會了勇敢；累的時候沒人依靠，你便學會了自立。

等到成功的時候，再把酒言初心吧！那時大家才能真正聽進你的話。所以，在你沒成功之前，要學會低頭，這不是認輸，而是看清自己的路。

08・你越溫柔，世界對你越凶狠

你怕的越多，欺負你的人會越多；
你什麼都不怕，反倒沒人敢欺負你。
你人太好，他人就想占你便宜；
你橫一點，反倒他們都來討好你。
越是脾氣好的人，越容易被欺負；
越善解人意的人，越容易受委屈。
你越溫柔，世界對你越凶狠；
你越凶狠，世界就變得溫文爾雅了。
總歸一句話，人生快樂的根本，就是不要讓任何人道德綁架你。

09．做人不求全，做事不求多

如果每個人都喜歡你，你得假裝成什麼樣？
如果每個人都在乎你，你得累成什麼樣？
如果每個人都理解你，你得普通成什麼樣？
如果你接納所有人，你得懦弱成什麼樣？
如果你喜歡所有人，你得虛偽成什麼樣？
如果你成全所有人，你得委屈成什麼樣？
所以，做人不求全。
同樣的道理：
如果每件事都做，你得無聊成什麼樣？
如果每件事都做，你得慌亂成什麼樣？
如果每件事都做，你得平庸成什麼樣？
所以，做事不求多。

人對了，一切都對了。
事對了，一件就夠了！

10．成熟的標誌

一個人成熟的標誌，就是明白以下七句話：
人生真正的貴人是自己。
人生真正的朋友是自己。
人生真正的敵人也是自己。
人生最美好的事，是遇見最好的自己。
人生最大的勝利，是成功戰勝自己。
人生最大的幸運，是學會自己拯救自己。

愛情的最高境界，就是自己愛上自己。

11．不必向他人解釋自己

世人最難過的一關，就是向他人解釋自己。

想像一下，如果有一天你被誤抓進精神病院，你該如何證明自己是正常人？

屆時你所有的解釋都是蒼白的，你唯一能做的就是該吃就吃，該喝就喝，過正常的生活，這是你證明自己正常的唯一方式。

因此，只有不試圖證明自己是個正常人，才是真正的正常人。

想想多少人每天都在拚命解釋自己，然而無論你怎麼解釋，你永遠不知道在他人嘴中的你有多少版本，不知道他人用什麼樣的方式悄悄詆毀你。

你唯一能做的就是置之不理，不必去解釋澄清，懂你的人永遠都會相信你；不願意相信你的人，無論你說什麼都不會信你。

12．孤獨常伴，唯有內心強大

人生是個大舞臺，臺下的覺得臺上的太可笑，臺上的又覺得臺下的太可憐。

其實，每個人都站在不同的舞臺上，每個人都活在自己的偏見裡。你喜歡什麼，就會以什麼為價值判斷；你在什麼位置，就決定了你做事的出發點。

人生，不過是此處笑笑他人，彼處又被他人笑笑。涉及利益，就有了互相謾罵、攻擊和算計。

人生有時很為難，你混得比他人好一點，他人會眼紅，悄悄算計你；你混得比他人差一點，他人就笑話你，瞧不起你。

因此，人生無論成就如何，都會變得孤獨。

讓自己內心變得強大，是應對這個世界最好的方式。

13．改寫「成功」的定義

以遍地的高樓大廈和房地產的成熟為標誌，人類這一輪大基建時代步入尾聲，整個社會的框架結構已然完成。從現在起，人類發展將駛上新的快車道：物質產品異常豐富，科技創新的反覆運算不斷加快，數不勝數的新功能產品讓人眼花撩亂，各種傳統觀念備受挑戰……

與之相對應的是，人類的精神世界越來越迷茫，絕大多數人都找不到人生的座標和意義，只能機械式地競爭和奔波，焦躁、偏激、厭世、消極等各種負面情緒無法避免。

誰能幫助現代人找到物質以外的價值和意義，讓大眾不再外求而是內求，重新燃起對真善美的嚮往，甚至改寫「成功」的定義，讓大眾更有序地生活，誰就是世界下一輪文明的引導者。

14．世上最欣賞你的人

其實，你所欣賞的人的每一個特質，在你身上都有，只不過借助他人顯現出來，這就是「相似相映」的原理。

茫茫人海中，與其說我們不斷尋找值得欣賞的人，不如說我們是不斷發現自己。

人生最好的朋友是自己。
人生最美妙的事，就是遇見更好的自己。

15．對自己狠一點

你對自己狠一點，全世界都對你溫柔；
你對自己很溫柔，全世界都對你凶狠。
真正活明白的人都在搞定自己；
把自己搞定了，就把他人和世界搞定了。

16．做自己，是世界上最奢侈的事

大多數人的時間是分為三份：

第一份是陪客戶、陪主管。

第二份是陪家人。

第三份是陪自己。

一個人越成功，他的時間分配越向後兩者傾斜。

奮鬥的本質，就是為了把第一份的時間，轉移給後面兩份。比如，我們努力賺錢，就是為了有更多時間陪孩子和家人。

而人生最難的事情，就是「陪伴自己」。陪伴自己，聽起來很簡單，實際上卻非常難。絕大部分人勞碌一輩子，都是為他人而活，為家人而活，從未為自己而活。

試想一下，我們拚命賺錢，賺了那麼多錢，有多少是花在自己身上？我們一生又能花多少錢？

從二十一個角度審視自己的內心

陪伴自己，首先，你要懂自己。我們花一輩子研究他人，想搞懂他人，卻很少有人搞懂自己。

其次，你還要做自己。絕大部分時間，我們都在扮演各種角色，老闆、主管、員工、爸爸、兒子……，卻很少是「自己」。

也就是說，唯有盡了一切社會義務，我們才有時間做自己，才有資格做自己。

做自己，才是世界上最奢侈的事。

世上最浪漫的事，是遇見最好的自己。

愛情的最高境界，就是愛上自己。

17．你也是他人眼中的風景

每個人，都在追求相反的東西。

因為相反，所以我們窮追不捨的東西，往往對他人而言是舉手之勞。

於是，求而不得成了人生的基本狀態。

這是許多人痛苦的根源。

我們都是「遠視」，總活在對他人的仰視裡；我們也是「近視」，往往忽略了自己的幸福。

兔子嬌小，卻從不羨慕牛的高大；雄鷹高飛，卻從不蔑視燕子低迴。

你擁有的你自認為不起眼，卻是他人孜孜不倦的追求。

我們不知道，自己在欣賞他人的同時，也是他人眼中的風景。

不用羨慕他人，你的幸福就在當下，就在你身邊。

你擁有的一切，並不是為了取悅你而存在，你若不珍惜，就會失去。

18．從更高的次元俯瞰自己

人生最珍貴的能力，是在外界的指點和啟示下，有一天忽然醒悟，發現自己之前的認知都是錯的，都是自以為是，並重新審視這個世界。

這時你將擁有一眼看穿事物本質的能力，對世事和人心抽絲剝繭，一切表象在你面前都如夢幻泡影，你將看到更加真實的世界。

這個能力道家稱之為「得道」，佛家稱之為「開悟」。一旦擁有這種能力，你便格外淡定和從容，同時還擁有一種創造力，可以從無到有，從〇到一。

這就像玩遊戲，有一天你忽然發現自己不是遊戲裡的主角，而是玩遊戲的那個人。

擁有這種能力之前，是「我活著」，擁有這種能力之後，是「我看著自己活著」，這是一種抽離感，從更高次元看著自己，觀察自己的一言一行。

19．打著利他旗幟的利己主義

只要一個人還在強調「利他」，就代表他還沒有真正做到「利他」，心裡想的還是自己，因為他還在區分「我」和「他」，這就是佛家說的「分別心」。

真正做到「利他」的人，不會一直叫囂「利他」，因為他內心對「自己」和「他人」沒有區分。他會默默去做利於他人的事，而且認為這樣做是在幫助自己，正常且合理，根本不值得強調和炫耀。

唯有實現了自我圓滿，完全做到愛自己，愛滿則溢，才能真正地對他人好，才能做到「利他」，學會愛他人，愛世界。

如果一個人內心殘缺、匱乏，怎麼可能為他人著想？這種情況下的「利他」，只是為了求關注、求贊同、求表揚，彌補內心缺失的存在感。即便這些人也願意付出，但是由於內心匱乏，每付出一分甚至想要十倍回報，回報稍微遲一點他們馬上覺得委屈、憤怒……說他人不懂感恩，偷偷罵他人不識抬舉。

那麼為什麼這麼多人都在叫喊「利他」呢？這才是真正的利己主義，他們打著為你著想的旗幟騙你上當。

20．期待越高，痛苦越深

人痛苦的根源在於對世界和他人有所期待。

一個對自己要求越低的人，對他人的要求越高，一旦發現他人不能滿足自己的期待，就會陷入痛苦。

而一個對自己要求越高的人，對他人的要求越低，從而對他人的期待值較低，這是快樂的根本。

人一旦實現自我圓滿，就很少再對外界和他人有所期待，從此遠離人間很多痛苦。

世上本無事，庸人自擾之。

眾生皆苦，唯有自度。

21．活出自我的強大核心

很多人沒有強大的核心，因此只能苟活於世，隨波逐流，最終活成了平凡的樣子，生活在絕望的平靜裡。

世界上只有少數人能夠活出自我，因為他們的核心夠強大，從而衍生出核心競爭力，衍生出清晰的定位和目標，衍生出強大的能力，保護自己的天真和真性情，如此才有資格做真實的自己。

第十章

獨立，是為了不再孤獨

強大的人都是完整而獨立的個體。
一個人只有實現了人格獨立和經濟獨立，
才有資格談愛情、親情、友情。

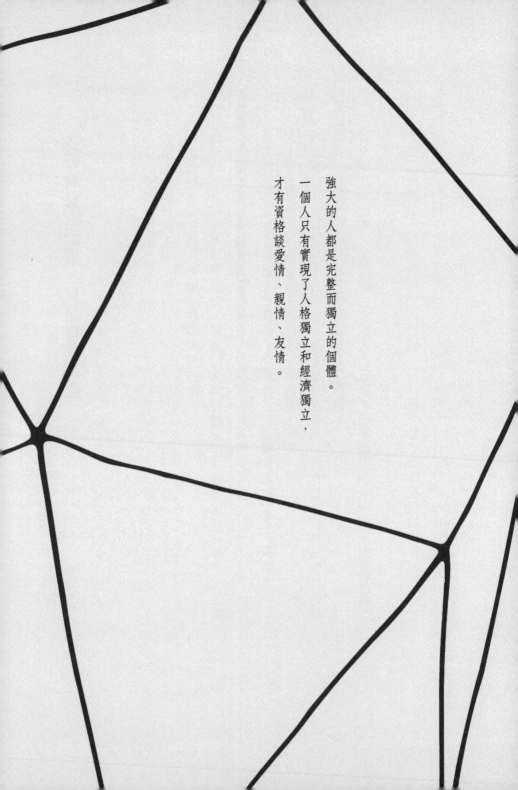

我沒有社交恐懼，只是喜歡獨處

你是不是這樣的人：

待人接物非常友善，但總喜歡獨來獨往。

你平時不會和他人發生衝突，無論口角或肢體，可以妥善處理和每一個人的關係；但是大部分時間你都喜歡獨處，很享受一個人的時光。

你可能為自己貼上「社交恐懼症」的標籤，但其實你是「友善的孤獨者」。

對人友善是修養，獨來獨往是性格，兩者並不衝突。

獨來獨往不意味著你不善於社交和表現，相反的，你可以自在切換到侃侃而談的模式，只是你對成為眾人焦點這件事沒興趣。

你平時與人為善，能理解大多數人的行為，但不會附和他們，不想被討論，也不想看他人的熱鬧。

你雖然很溫柔，但不向每個人展露，當然也不是每個人都能讀懂你的溫柔。

所以你選擇只對極少數人溫柔熱情，剩下的多數人，你保持禮貌和理性。

現代人的寫照——外向的孤獨者

人有一個基本需求，就是獲得周圍的人認同。所以一般人會透過人際交往展示自己，這其實也是內心弱小的表現。

對於內心強大的人來說，他們不需要從周圍的人獲得認同，他們更需要的，是自己對自己的認同。所以他們不外求，寧可內求；獨處就是一個人內求的表現。

還有一種人，屬於「外向的孤獨者」。他們對外總是表現出活潑開朗、善於交際的模樣，為大家帶來各種快樂。但每次曲終人散後，他們就會感到落寞。實際上他們嘻嘻哈哈的外在是一種假象，是為了掩飾內心的孤獨。

你是否遇過以下兩種情況？

你知道自己不喜歡他，你也知道他不喜歡你。你也知道他知道你不喜歡他，他也知道你知道他不喜歡你，但這並不妨礙你們在會議上談笑風生。

你明知加他好友也不會聯繫，他也知道加你好友不會再聯繫。你們都知道以後最多是按讚之交，但這並不妨礙你們在聚會時拿著手機互加好友。

這就是現代人社交的寫照。

人前湊熱鬧，轉身話淒涼。

人越孤獨，越喜歡把自己變得忙碌。

因為忙碌可以讓人短暫逃避落寞。

近在眼前，卻處在兩個世界

獨來獨往並不代表孤單，反而更容易讓人放飛內心；同樣的道理，在人群中熱熱鬧鬧不代表你被認同，倒像是一種外在的喧譁。

有句歌詞很貼切：「孤單是一個人的狂歡，狂歡是一群人的孤單。」

另外還有一個社會發展規律：過去由於受到區域和條件的限制，每個人所處的圈子往往是離自己最近的一群人，比如同事、同行、同學、親戚等。

然而隨著網際網路發達，人的社交圈不再受現實條件和區域的限制，那些有共同語言、志同道合的人越來越容易聚集在一起，即使是完全不同的行業，甚至是天各一方，但「認知」和「價值觀」的契合使你們互相吸引。

所以現代人越來越常抱著手機聊個不停，卻對面前的人視而不見，這其實不是什麼「手機成癮」，而是對「眼前人」毫無興趣。這就是網際網路發展的結果，也是人類文明進步的表現。

因此，在你眼裡總是獨來獨往的人，他並非沒有自己的社交圈，而是你沒有進入他的社交圈。

儘管你們離得很近，卻仍然是兩個世界的人。

價值交換的關係才是對等的關係

擁有獨立精神和獨立思考能力的人，很容易獲得迅速成長的機會。

自助者，天助之。人一旦發現一切都需要自己給予自己，就會開悟了。

無論在什麼情況下，只要你產生依賴心，就需要警惕。因為依賴意味著不公平的關係，不是價值交換的關係，都是不公平的關係。

切記，這個世界上只要有不公的地方，就會在另外一個地方，或者以另外一種形式補償。越多依賴，關係就會越快變味。

那些一開始口口聲聲說愛你的戀人，到了一定階段往往會要求你做這做那，或者不能去做什麼，這就是變相的補償。

人間無數的悲劇，都是由此引發的。

01・擺脫外在形式的綑綁

未來社會的基本單位將不再是「企業」，也不是「家庭」，而是「個體」。

強大的人都是完整而獨立的個體。一個人唯有實現人格獨立和經濟獨立，才有資格談愛情、親情、友情。

未來婚姻將消失，但愛情永在；未來家庭也將消失，但親情永在。

我們的感情再不必被這些外在形式捆綁，社會將變得越來越純粹。

02・不試圖糾正他人的錯誤

人往往有一個執念，就是試圖糾正他人的錯誤。我們苦口婆心地說了許多道理，表面上是為他人好，實際上好心未必能辦好事。

任何試圖救贖或者馴服他人的行為，都需要付出代價。每個人都有自己的修行，我們不能打亂他人的節奏和路線。

「凱撒的物當歸給凱撒，上帝的物當歸給上帝。」一切都是自己修出來的，大家各按其時，各安其事就好。

03．不再期待他人理解自己

人總是渴望遇到真正懂自己的人，但你必須明白一個道理：沒有任何人能完全理解你。

人生苦短，每個人都需要深度理解自己的人，需要知己。

但世界上沒有任何人能完全理解你，除了你自己。

即使是你的愛人，你的父母，你的兄弟姐妹，你的青梅竹馬和閨蜜好友，也只是生活的陪伴，請千萬不要寄託太多期望，將關係維繫在一定距離，是最好的選擇。

一個人真正成熟的標誌，就是不再期待他人理解自己。

否則，只會迎來一次又一次的失望。

04．無論多麼忙，都要留時間給自己

越落後的社會，人越容易抱團。比如原始社會，人類必須團結起來才能抵抗猛獸侵襲；反之在越發達的社會，人則會越獨立。

生產力越旺盛，人與人的界線就越明顯。

請思考看看：為什麼很多人開車回到家，喜歡在車裡獨坐一下再進門？

有人說：開車太累了，需要休息一下。

有人說：需要抽根菸緩解一天的壓力。

有人說：不喜歡自己的疲憊被家人看到。

有一個答案，獲得無數人按讚：在邁進家門的那一刻，你是父母，你是子女，你是配偶，你有滿身的責任，唯有獨坐車裡的那一刻，你是你自己，那才是屬於你自己的世界。

是的，無論多麼忙，我們都需要喘口氣的時間，然後鼓起勇氣，堅持到下一次喘息的時刻。只要稍事歇息，我們就能重整面對生活的勇氣和信心，這就是活著。

即使走入婚姻，我們依舊希望保持界線感；即使有了家庭，依然需要自己的世界；即使滿身責任，我們依然需要時間做自己。

05．學會一等人的評價方式

一等人評價自己。

二等人評價他人。

三等人評價他人的評價。

四等人活在他人的評價裡。

06．成熟才能建立美好的關係

世界上所有美好的關係，只發生在成熟的個體之間。愛情、友情、親情、合作關係，皆是如此。

成熟的個體需實現三個獨立：財富獨立、人格獨立和精神獨立。一個人在成熟之前，只有一個任務，就是讓自己走向成熟，否則沒有資格跟他人構建關係。

雙方若有一方不成熟，就需要另一方承擔。這是依賴型的關係。被依賴的一方一旦因為主觀或客觀的原因，放棄照顧的話，依賴的一方就慘了。若雙方都不成熟，就會互相傷害。多少夫妻耗盡一生精力抱怨對方，同時咬牙忍受對方的身心折磨。

許多人受傷之後四處哭喊，卻始終不明白一個道理，人在成熟之前，建立的一切關係都是錯的，每個人都將為自己的不成熟買單。

07．走好自己的路

一個人成熟的標誌，就是明白自己無法改變任何人。

無論你多麼真心想幫助他人，無論對方跟你的關係多麼密切，無論他多麼需要你的幫助，你都必須明白一個道理：你無法改變任何人。

除非他發自內心想改變自己，而你也能推動對方，或者給對方啟示。

請記住：能改變自己的，永遠只有自己。

即使是你的父母、兄弟姐妹，同住在一個屋簷下，你若想改變他們，依然是有心無力。除非對方忽然有強烈的改變意願，你才能小心翼翼地幫助他們改變，但在「改變」這件事上，當事人永遠是主角，你只是配角。

如果對方根本意識不到自己的問題，千萬不要主動熱心地提供協助，因為好心未必有好結果。你所能做的，就是讓他們認為你是出於好心、善意、熱情，甚至你要學會附和他們。

人各有志，人各有路。他人的路你改不了，自己的路自己走好。

第十一章

爲什麼眞愛這麼難尋？

真愛只發生在兩個成熟又獨立的個體之間。

既獨立又結盟，才是最好的關係

擁有獨立精神的人，在各方面都比較容易快速成長。這種獨立並非「得不到、被孤立後的不得已」，而是頂天立地靠自己，絲毫不影響跟他人做朋友。

不指望他人給的，如果給了，算是驚喜。獨立是扎根於地面，先往下，再拓展。不論你依賴的人跟你是什麼關係，只要是依賴，你就會不斷要求對方回應和餵養，否則就會恐慌。

對於自己所依賴的，一定要保持警覺，因為依賴越多，關係越快變味。

一個人越獨立，越具備合作的基礎，越能經營好各種社會關係。

未來的世界將越來越殘酷，無論戀愛還是婚姻，最佳的另一半，是你人生戰場上的盟友。雙方既能各自獨立又能結盟，才是最好的關係。

我們一定要保持自己的獨立性，包括人格獨立和經濟獨立，才有資格談愛情、親情和友情。

世間所有的好關係，一定要先談錢

什麼是好朋友？什麼是好愛人？什麼是好老闆？

一個最簡單的標準，就是能開誠布公地談錢。

這個時代越來越透明化，大家就不要再遮遮掩掩。

錢在哪裡，心就在哪裡。

作為老闆，跟沒辦法溫飽的員工大談理想是不道德的行為。

作為男人，跟經濟不獨立的女人大談浪漫主義也是不道德的行為。

那些張口就是道德和情懷的人，往往是用這個標準勒索他人，然後悄悄獲取自己的利益。

和人談錢，往往會把人鍛鍊成狼。

和人談感情，往往會把人養成「白眼狼」。

因為靠感情維持的關係，一定會互相依賴，到最後彼此記恨。

沒錯，談錢的確庸俗，但生活的本質就是需要面對各種庸俗。

所謂浪漫，就是把各種庸俗變為美好的過程。

錢不是全部，但很多時候唯有涉及錢，才能看見一個人的真心。

一個連錢都不好意思談的人，說明你們還沒有交心。

願意和你談錢的人才是真的愛你，才有可能許你一個美好的未來。

錢的問題解決了，人性美好的一面便發揮出來了，比如積極、上進……

錢的問題不解決，人性陰暗的一面便暴露出來了，比如自私、推諉……

建立優質的關係從示弱開始

建立任何一段關係，最核心的要點都是與人「同理」的能力。

雙方在接觸過程中，需要先有一方袒露自己內心的脆弱，而另一方也要能捕捉到那個點，回以深刻的理解和共鳴，同時袒露自己的脆弱，讓對方照見自己。

就在那一刻，彼此都被對方看見，兩個靈魂相擁。
就在那一刻，彼此都被對方看見，感情迅速昇華。
人生在世，能遇見深入看見自己的人，或者遇見自己能深入看見的人，都是極度幸福的，這就是愛。

戀愛是情感組合，婚姻是價值組合

越相似的兩人，越容易一見鍾情、惺惺相惜。因為兩人太相似，以至於很容易理解對方的不容易，也容易欣賞對方的長處，因為那也是自己的長處。
與其說喜歡上對方，不如說是愛上另一個自己。然而當雙方慢慢靠近，就會發現彼此給不了對方所需，而且雙方很容易走向極端，甚至兵刃相向。
反觀各方面都相反的兩人，剛開始很容易互相排斥，因為對方恰恰與自己對立，可是隨著雙方慢慢接近，相處越來越融洽，因為兩人只要能互相包容，就很容易各取所需，從而成為價值組合。

談戀愛可以找相似的，婚姻最好找互補的。

戀愛是死去活來，是驚喜連連；而婚姻是柴米油鹽，是平淡如水。

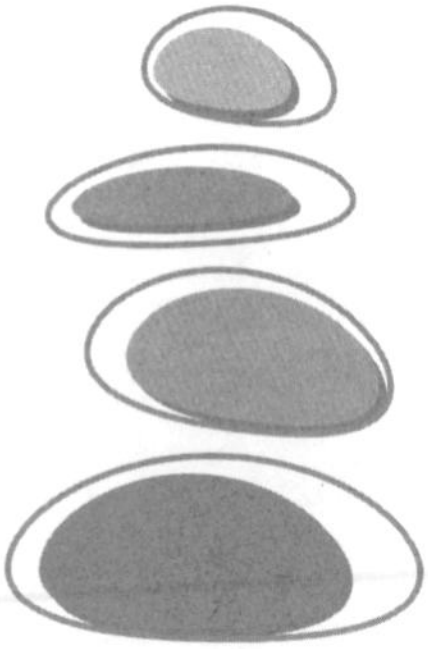

01・世上大多數的愛是殘缺的愛

成熟的愛情是兩個獨立個體的相遇、欣賞和支持。

其中有兩個前提，第一是獨立，第二是欣賞。

世界上真愛很少，因為絕大多數個體是殘缺的，包括精神和物質上的殘缺。

於是世上大多數愛情都是兩個殘缺個體的摩擦與碰撞，然後產生愛恨情仇。多少人把依賴、施捨、得到、占有，當成愛。

愛情不是千方百計騙另一個人上自己的賊船，而是兩艘獨立的小船互相接近，然後並肩而行。

02．尋找三合一的伴侶

人有三大需求，分別是物質、愛情、精神。

物質是柴米油鹽，遵循現實原則。

愛情是風花雪月，遵循浪漫原則。

精神是詩詞歌賦，遵循理想原則。

這是三個完全不同的東西。

婚姻的困難在於，如何在一個異性身上體現這三樣東西。

03 · 這個時代真正稀有的男人和女人

女性必須明白一個道理：

那些對妳噓寒問暖，半夜為妳買消夜的男人，不過是泛泛的付出，沒有什麼了不起。

即使那些滿口承諾，每逢佳節必送禮的男朋友，在這個時代也不算稀有。

因為如今女人只要稍微努力，就不再需要別人給予這些。

這個時代真正稀有的，是那些帶妳打開視野，提升認知，教妳控局的男人。

他們願意誠心跟妳溝通，同時提升妳的層次，帶妳不斷體驗人生新的巔峰。

這種男人可遇不可求，如果遇到一定要珍惜並牢牢抓住。

現實生活中，多少女孩偏偏為泛泛的付出感動得死去活來，甚至許下終身。

未來的世界將越來越殘酷，無論戀愛還是婚姻，最佳的另一半，是妳人生戰場上的盟友。

男人必須明白一個道理：

那些對你小鳥依人、撒嬌裝嫩的女人，或是對你百依百順，總是把你捧上天的女人，都是傳統時代的產物，早已不符合未來的需求。

那些宅在家裡不出門，勤勤懇懇幫你洗衣做飯、帶孩子、做家務的女人，在這個時代也不是稀有的能力。

因為只要肯花錢，無論是請保姆、到府清潔服務等，這些都可以輕而易舉地完成。

這個時代真正稀有的，是那些理解你的想法，體諒你的難處，能走入你內心的女人。

她既能跟你相敬如賓，也能對你溫柔似水；既能與你進行靈魂對話，也能激發你的風趣幽默；既是你生活上的盟友，也是你的紅顏知己。

現實生活中，多少男人偏偏被膚淺的外表誘惑，對善於撒嬌裝嫩的女人鬼迷心竅。

未來的世界將更加殘酷，男人和女人之間的關係也會越來越平等。

千萬不要再試圖找到一個女人，只為了滿足自己的虛榮心和大男人主義。

04．讓女人後悔終身的男人

常有人說，男怕入錯行，女怕嫁錯郎。一個女人嫁給什麼樣的男人，決定了這個女人是否幸福。

如今這個時代，女人最好不要嫁給「媽寶男」，否則可能悔恨終身。

什麼是「媽寶男」？

他們是身體長大，但心態還停留在嬰兒時期的男人。他們內心脆弱自卑，但為了掩蓋這種自卑，時時向外界耀武揚威，時刻都在證明自己的強大，生怕他人看不起他們，所以變成了大男人主義。

究其原因，是他們沒有真正成長，或許是一直受到庇護，或許是一直沒有獨自面對世界，所以他們嚴重依賴他人保護，諸如老婆、父母等。當然，這也為那些庇護他們的人帶來各種煩惱。

很多女人由於認知不足，剛接觸時，常常把這種男人當成寶，當成瀟灑，因而許了終身。

所以，很多痛苦都是自己的認知造成的。

現在流的淚，都是當年腦子裡進的水。

05．戀愛和婚姻、友情和愛情的區別

戀愛的本質是情感交換。
婚姻的本質是價值交換。
友情經不起考驗，經得起平淡。
愛情經得起考驗，經不起平淡。

06．女人要過「情」關，男人要過「慾」關

女人這輩子最需要過的是「情」關。

唯有過了情關的女人，才能真正幸福地生活。

男人這輩子最需要過的是「慾」關。

唯有過了慾關的男人，才能真正地做到無敵。

女人無論賺多少錢，只要過不了「情」關，一輩子都會為情所困，為情所累。

因為女人往往重感情，普遍感情用事，過情關的意思並非從此變得無情；相反的，唯有過了情關的女人，才能真正理解「情」這個字，才能真正體驗「情」帶來的愉悅。從此不再對他人抱持執念，拿得起放得下，幸福完全掌握在自己手裡。

男人無論多有成就，只要過不了「慾」關，一輩子都有弱點被人捏在手上。

因為男人大多擅長邏輯思考，普遍冷靜理性。他們天生具備過「情」關的能力，但普遍難以抵抗各種誘惑。

「慾」關主要包括對名利的欲望、對女人的欲望、對權力的欲望。過「慾」關並非從此沒有欲望，而是可以駕馭自己的欲望，不被欲望駕馭，避免成為欲望的奴隸。所謂「無欲則剛」，唯有駕馭住自己欲望的男人，才能做到可收可放，無懈可擊。

07．美麗的東西看久了也會變得平淡

外表優勢只能體現在陌生人眼裡，在不熟悉的關係中才能發揮作用。舉例來說，在父母眼裡，孩子的外表不重要，孩子的性格和能力更受重視。無論外人怎麼誇自家孩子漂亮，父母總是不斷要求孩子提升能力。

又比如，夫妻相處超過一年之後，老婆無論多麼漂亮，老公都不會特別關注，反而是老婆的性格和能力更受重視。因為外表有審美疲勞，任何令人驚豔的東西在自己身邊久了，都會變得平淡。

兩性關係中，雙方初次相見時，外表占據巨大優勢，但只要兩人交往了，外表的作用就會慢慢消退，秉性的作用則越來越大。

現實生活中，很多年輕人因為外表互相吸引而在一起，但相處一段時間後就會分手。因為新鮮感過去之後，沒有其他東西可以維繫兩人的關係。想要留住另一半的心，只在外表上下功夫是沒用的，必須不斷提升內在，真正走入他的內心，陪他一起成長進步，成為真正的伴侶。

08．經營婚姻如同創業

無論是創業還是婚姻，都分為兩個階段：

第一個階段是從〇到一，這個「一」就是自己，是指找到自己的過程。

第二個階段是從一到N，這個「N」就是他人，是指尋找合夥人或者另一半的過程。

大多數時候我們都在尋找他人，卻始終沒有找到自己。

世界上最長的路，就是尋找自己的路。

我們總是對他人充滿期待，卻忽略了自己的成長。

如果不能找到自己，就很難找到對的人。

找到自己，搞定自己；找到他人，搞定他人。你就成功了。

PART 4

縱橫職場商場必備的商業邏輯

第十二章

人生強者必要克服的熵增定律

人的價值就是使各種系統不斷從
「無序」變成「有序」。
「有序性」就是
世界上一切生命力和效能的本源。

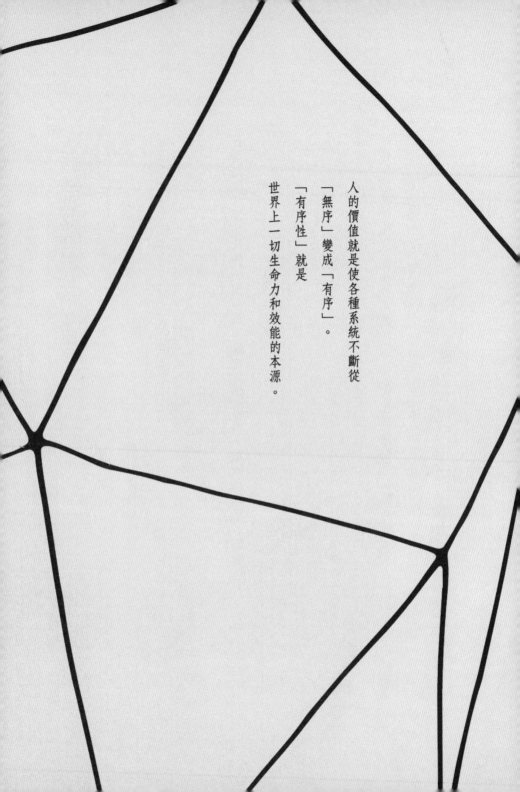

人活著就是在對抗熵增定律

熵增定律是人類不可多得的價值總結。

熵增定律揭示了宇宙演化的終極規律。搞懂這個定律，就參透了世界的本質。

什麼是熵？熵是代表一個系統混亂程度的數值。系統越無序，熵就越大；系統越有序，熵就越小。

任何一個系統，只要是封閉的，且無外力干涉，就會不斷趨於混亂和無序，最終走向死亡。生意如此，公司如此，人生也是如此，這就是「熵增定律」。

比如手機和電腦總是會越用越卡，電池電量會越來越弱，屋子會越來越亂，人總是會變得越來越散漫，機構效率總是會越來越低下……

所以電腦和手機需要定期清理垃圾，人要保持清醒和自律，企業要不斷調整結構，以上種種都是為了對抗熵增。

俗話說「家和萬事興」，就是因為一個家庭越「和睦」，熵就越小。「和」

意味著成員之間的默契，甚至是無衝突。「以和為貴」、「天時地利人和」也是相同道理，「和」意味著熵值最小。

為什麼中國幾千年來皆以儒家思想為主？因為儒家思想可以把社會的熵值減到最小。儒家制定了許多規矩，君君臣臣，父父子子等，彼此不能越位，用意就是讓社會「有序」地運轉。

為什麼我非常看好未來社會？因為在大數據時代，每個人的行為都將留下記錄，社會運轉的每一個環節皆會提前布局，一切都是規劃好的，因此整個社會的熵值將大大減小。

人的價值就是使各種系統不斷從「無序」變成「有序」，「有序性」就是世界上一切生命力和效能的本源。

對抗熵增的五個方法

對抗熵增有五個方法。

一、保持開放

無論是對個人還是對企業而言，在沒有外力干涉的情況下，都會越來越封閉。

對於個人來說，如果沒有外力督促，就會活在自己的象牙塔裡，或者活在自己的偏見裡。

如果仔細觀察人類過往犯過的錯誤就會發現：絕大多數過失都是「思想局限」造成的，所以人的思想和認知必須保持開放，要隨時接納各種新鮮資訊，這就是思想的相容性。

對於企業來說，如果沒有外界的督促（環境、政策、市場等改變），就會在固定的模式裡無限迴圈，逐漸走向守舊。

所以任正非說：「我們一定要避免封閉系統，一定要建立一個開放的體系……不開放就是死亡。」華為每年皆會淘汰一定比例的員工，很多公司都是這樣，沒有新鮮血液就會走向沉寂。

未來社會的資源將變得開放和共用，邊界和圍牆將打開，行業、職業、專業之間的界限越來越模糊，且互相越界、穿插和共用。

那些厲害的企業，往往是無邊界的企業，手握使用者資源，擊穿不同領域之間的藩籬，建立融會貫通的創新型組織。

同樣的道理，人的能力邊界也將徹底打開，強者往往能夠在不同思考路徑上找到交匯點，成為游離於各種狀態之上的人，亦即「跳出三界外，不在五行中」。

二、終身學習

學習的本質就是「作工」，一個系統只要有外力作工，就擁有源源不斷的能量支援。

巴菲特的合夥人蒙格說：「我經常看到有些人越過越好，他們不是最聰明的，甚至不是最勤奮的，但他們往往是最愛學習的。」巴菲特就是一部不斷學習的機器。

這個時代要求我們堅持不斷學習。計畫趕不上變化，變化不如進化，如何保持進化？就是堅持終身學習。

學習是一種作工，是防止熵增的最好外力，學習可以讓人突破自己的局限。比如很多人說自己不善演講，不善表達，不善邏輯推理等，而實際上各種研究顯示，人類是可以透過練習、堅持和努力，不斷挑戰自己能力的邊界。

唯有學習才能突破自己，且要讓突破的速度大於熵增的速度。

三、堅持自律

人在沒有外力干涉下，會不斷走向無序狀態。如果對生活放任不管，或者放縱自己，生活就會變得越來越混亂，這就是懶散的結果。

人為什麼要自律？因為自律的本質是要把「無序」變成「有序」。

當然，自律伴隨痛苦，但這只是當下的痛苦，未來將越來越美好；懶散則是當下很爽，但以後總有一天要還的。

比如現在短影音那麼流行，我們總能輕而易舉地享受那些火爆刺激的影片，陷入一個個投資少回收快的刺激中不可自拔，長此以往，就喪失獨立思考的能力，喪失上進心，變得越來越慵懶。

網際網路是一把雙刃劍，一方面提供使用者各種便捷，但又提供很多浮華的內容，這些內容的設計都是以無限滿足人性偏好為標準，人性的各種陰暗面，諸如窺私、八卦、暴力、對罵、湊熱鬧等，皆被激發且獲得滿足。

從來沒有任何一種東西能像網際網路這樣對人性洞察得如此澈底，並將大眾玩弄於股掌之間。普羅大眾的文化很容易成為充滿感官刺激、欲望和無規則遊戲的庸俗文化。

越是在這樣的時代，越凸顯自律的重要性。

四、遠離舒適

人生的熵越大，生活就越平衡，我們也就越舒適，卻也越接近滅亡。

所以要時刻提醒自己，走出舒適圈，不斷打破自己的平衡，主動迎接各種新挑戰。

挑戰的本質是混亂和無序，主動迎接的挑戰越多，克服的挑戰越大，未來的生活才能更加有序，更好地掌控在自己手裡。

溫水煮青蛙的道理大家都明白，千萬不要再幻想歲月靜好，這個時代不適合溫順的羔羊，只適合矯健又凶狠的狼。狼從不幻想過上舒適的生活，牠們要的是自由，用奮鬥爭取來的自由。

世界唯一不變的就是變化。

未來沒有穩定的工作，只有穩定的能力。

未來只有一種穩定，那就是你到哪裡都有飯吃。

穩定的本質，是你擁有化「無序」為「有序」的能力，而不是始終躺在那裡享受一成不變的生活。

切記，如果你覺得生活百無聊賴，代表你已經趨於平衡，這時你必須主動打破平衡，走向更高層次的和諧，否則你將面臨被淘汰的危險。

五、顛覆自我

人具有一種基本的惰性：離不開原有的地方，或者習慣把自己固有的性格、行為路徑當作最合理的狀態，本能地排斥跟自己不一樣的東西。

因此我們總會變得越來越傲慢、頑固不化，不能對外界事物做出最客觀的評價。

綜上所述，保持開放、終身學習、堅持自律、遠離舒適、顛覆自我這五種方法，是對抗熵增的有效方式。

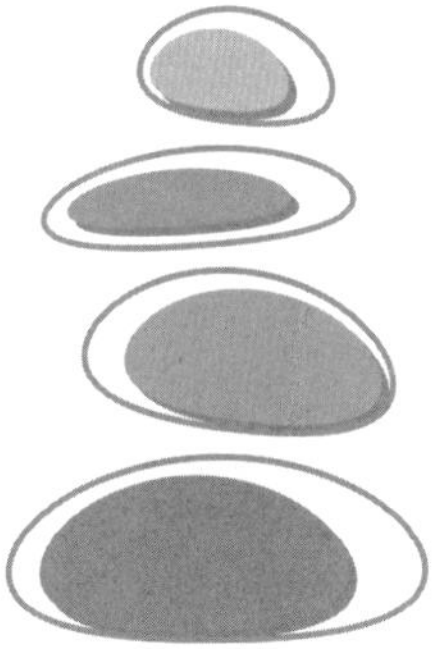

01．不斷進化，維持旺盛生命力

世界上所有的系統（包括生命、企業、國家）之所以能夠誕生，是因為自身結構能夠從外界汲取能量，但是汲取能量（生長、發展、壯大）的過程，也是自己秩序不斷被改變（衰老、沒落）的過程，結構優勢逐漸減弱，也就是「熵增」，因此這些系統從誕生的那一刻起，便不斷走向消亡。

所有系統的終極使命就是對抗這一趨勢，最好的反抗方式就是不斷優化自身結構，使之能夠與外界環境相適應，包括能力結構和性格結構，保持進化，掌握「自律」、「精進」、「學習」這三種最基本的手段，否則就會失去生命力。

02 ．自我革命，把自己推倒重建

人的行為有三種境界：

第一種境界是為了生活，做不喜歡做的事。

第二種境界是只有做自己喜歡的事，才可以更好地生活。

第三種境界是駕馭各種新鮮事物，不再區分喜不喜歡。真正的強者，是「無我」的。他們沒有個人主觀感受，也沒有自己的偏見，對事物不再有喜歡和不喜歡之分，能從容地做各種事。因為做到「無我」，所以不會跟外界發生衝突，因為沒有「我」作為參照，也就沒有混亂，一切存在都是合理的。

一旦進到第三種境界，你就沒有任何阻礙。海納百川，有容乃大。所有的絆腳石都能成為你的墊腳石，會讓你攀得更高，看得更遠。

這個時代每個人都需要一場自我革命，把自己推倒重建。

03．生命不息，奮鬥不止

人生就是一場修行。我們所經歷的每一件事，遇到的每一個人，都是來渡我們的，都是為了把我們推向更合理的位置，讓我們的行為路徑更加井然有序。

這就是生命的玄妙之處，我們總是試圖使自己的處境更加合理，生活更加有序，然而一旦抵達最和諧的狀態，必須馬上打破這種平衡，再竭力使自己走向更高層次的和諧，也就是說我們永遠不能停下腳步。

人生強者一定會做的三件事

第十三章

掌握網路時代的商業趨勢

《國富論》裡有個觀點：
利潤降低不是商業衰退的結果，
恰恰相反，是商業繁榮的必然結果。

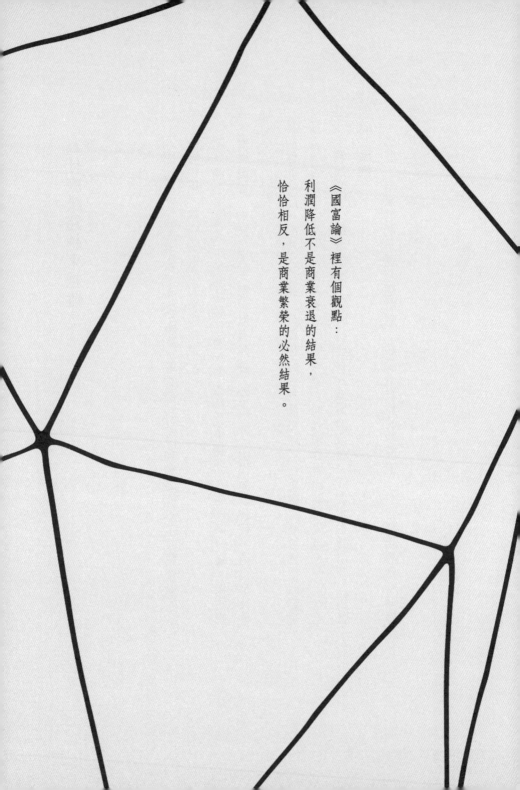

為什麼賺錢越來越難？

《國富論》（*The Wealth of Nations*）裡有個觀點：利潤降低不是商業衰退的結果，恰恰相反，是商業繁榮的必然結果。

隨著商業繁榮，未來無論做什麼，門檻都越來越低，比如開直播、做短影音、擺地攤等，未來是人人都可以有商鋪、有產品、出作品的時代，這也是社會越來越公平的表現。

同樣的商品、服務、作品，只要你還有利潤可賺，一定會有商家賣得比你更便宜；或者有平臺誕生，上面的東西更優惠。而且消費者比價越來越方便，永遠是「全網最低價」最受歡迎，屆時就會有人低價搶市場，或者賠本賺口碑，那麼你該怎麼辦？

因此，未來的競爭越來越激烈，而競爭激烈的情況下，一切利潤都會無限趨近於零，甚至是負利潤。

陷入低價競爭的惡性循環

二十年前有句話：「讓天下沒有難做的生意。」從此做生意似乎變得更加簡單，只要有網路就可以開張了。然而，時至今日，我卻越來越深刻地體認到：天下似乎沒有好做的生意。因為在平臺主導下，商家陷入低價競爭的惡性循環。

以網路商店改變實體店面為例。隨著網路商店興起，開店不再需要實體店面，所以開店的門檻變低，人人都可以開店。剛開始眾人狂歡，網路商店遍地開花，但到了某個階段，大家漸漸發現一個現實：如今開網路商店很難賺到錢，因為同樣的商品、服務、作品，只要你還有利潤可賺，一定會有商家賣得比你更便宜；或者有平臺誕生，上面的東西更優惠。

換句話說，無論你生產什麼產品，總有價格更低的同類產品出現，假設成本是七元，你賣九元我就賣八元，你賣八元我就賣七．五元，有人甚至六．八元虧本也願意賣，因為他要利用低價搶奪消費者，這就是典型的網路打法，結果導致大家都沒有生意做。

掌握「消費數據」占據商業制高點

今後單純依靠產品和服務很難再賺到錢，必須依靠「消費數據」才能賺錢。什麼是消費數據？

比如使用者資訊、會員數量、粉絲等，誰掌握大量消費數據，誰就掌握了主導權。

如今越來越多商家以低價商品為誘餌，試圖掌握更多消費數據，等使用者累積到一定數量，就會自然產生盈利模式，比如小米就是如此。

小米本身的產品CP值高，而且設計符合現代人的品味，最重要的是小米根本不靠產品賺錢，其產品不過是一個連結，用以連接消費者，等幾千萬消費者連接起來之後，就組成一個生態系統，亦即消費大數據，這才是小米最值錢的財富，從而衍生出很多盈利模式。

量販超市「好市多」（Costco）也是相同模式。為什麼Costco越來越興盛，而沃爾瑪、家樂福、樂購等傳統大型超市先後敗走？因為Costco表面上是經營產品，實際上是經營會員。其利潤來自會員費，幾乎百分之九十以上的美國家庭都有一張 Costco 會員卡，每年光靠會員費就賺了上百億美元。

再比如現在很多書店已經不再靠賣書賺錢，反而是針對讀者舉辦活動。你只要繳納幾百元會費，書店就送你幾本書，帶領大家一起學習。一旦把人聚集在一起，就能衍生出更多的商業模式。

還有，現在很多汽車經銷商也不靠賣車賺錢了，而是靠保險、保養、維護、改裝、車主活動等賺錢。很多美容店的產品也是免費送，但你要成為會員才行。

也就是說，雖然商家前端的產品沒有利潤，但商家靠後端服務賺了錢，這也是利潤後延，可以稱為商業上的「延遲滿足」。

隨著社會物質產品越來越豐富，未來很多商家會用低利潤（甚至零利潤、負利潤）產品去交換「消費數據」，吸引大眾聚集，然後靠經營數量龐大的使用者賺錢，未來最值錢的東西將是「消費大數據」。

可喜的是，未來越來越多產品是零利潤或者免費提供的，隨著物質的豐富，人類社會一定能進入這個狀態。

可悲的是，未來只有「平臺企業」和「頭部企業」才能占有「消費大數據」，才能賺到大錢，普通商家將越來越難賺，因為「消費數據」都集中到平臺或頭部企業手裡，商家自己掌握的「消費數據」（消費者、會員等）在平臺面前不值一提。

平臺和頭部企業依靠掌握的消費大數據，精準地洞察每個人的行為軌跡、消費傾向、特徵、需求等，牢牢占據商業和財富的制高點。未來財富將漸漸集中在平臺和頭部企業手裡。

另一種商業趨勢——供應鏈金融

那麼，除了掌握「消費大數據」之外，還有其他賺錢方式嗎？有，那就是「供應鏈金融」。

什麼是供應鏈金融？

對於網路企業來說，就是針對大眾提供金融產品，在平臺上消費的同時，還可以在平臺上借貸。

比如阿里巴巴、美團點評這種網際網路巨頭，早就在布局供應鏈金融了，他們既有針對大眾消費者（C端）的金融產品，比如支付寶的「花唄」、「借唄」，美團點評的新功能「月付」，也有針對商家（B端）的金融產品。叫車平臺等APP也推出金融產品，比如先儲值再叫車（提供消費者一定優惠），藉此控制大眾的現金流。

對於傳統企業來說，就是控制住下游經銷商的現金流，實行押金和預繳，你如果周轉不靈我幫你，可是你要付利息給我。中國許多家電巨頭都在做「供應鏈金融」，導致本來利潤微薄的下游商家淨利潤更低了。

我們必須看清一個趨勢：未來只有金融，甚至是供應鏈金融才能賺錢。任何企業和個人很難再靠產品本身賺錢，因為未來的生產也是全開放式的，你能生產出某種產品，就有人能以更低的價格生產出來，然後賣得更便宜。未來必須縱向布局供應鏈，鎖住你的目標消費族群，才能建立壁壘。

可嘆的是，未來也只有平臺企業和頭部企業能組建供應鏈金融，普通商家只能占到其中一兩個環節，根本無法構建自己的供應鏈金融。

很多網紅看似有幾百萬粉絲，其實賺不到多少錢，因為他們不能掌握產品供應鏈，更無法布局供應鏈金融。

網紅其實賺不到多少錢？

網際網路越發達，財富越往大企業集中，這是歷史的必然。如今在各行各業，「平臺效應」和「頭部效應」越來越明顯，只有排名前二的公司才能賺到錢，而且這兩家公司的業務模式互補，即所謂「數一數二，不三不四」。

在傳統網路時代（BAT時代），還有許多公司能依附在上面，比如天貓上有很多營業額破億的店鋪，微信、微博上有許多大V。

但如今網際網路已步入「演算法時代」。在演算法時代，只有平臺能賺錢，那些所謂的網紅、商家，其實都被平臺牢牢掐住脖子，主導權很小。

舉例來說，有幾個大平臺，上面有很多商家（個人），這些商家如果生意太好，平臺就會變相提高佣金；若商家生意太慘澹，平臺就會變相提供補貼，讓商家繼續生存下去。永遠只留下一息尚存的機會，但無法大富大貴。

因此，在「平臺＋個人商家」的演算法時代，個人商家永遠只能賺到辛苦錢，只有極少數個人商家能成為業界標竿，但是他們是平臺打造的標竿，是偶然不是必然，不可複製。

演算法越完善，頭部效應越明顯，馬太效應（Matthew effect，意指強者越強，弱者越弱）越加劇，未來只有平臺企業和頭部企業才能賺大錢。

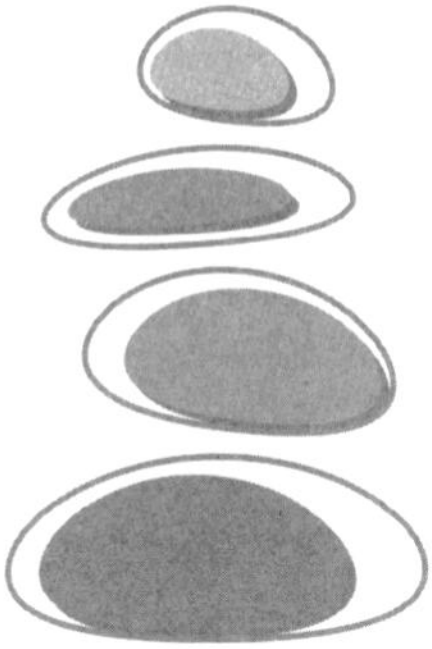

未來人與人最大的區別是「價值」

大家必須對以下邏輯有所認知：

在網際網路時代，數據將成為最貴重的資產。數據的背後是演算法，演算法的背後是權力。未來擁有大數據的人將擁有絕對權力，平臺將掌握商家、個人所有的資料，清楚窺見每個人的消費傾向，從而將自己的利益最大化。

未來只有在某個領域遙遙領先才能賺錢，平臺將賺盡整個行業的錢。社會的科技水準越高，貧富差距越大。因為科技水準越高，社會的流通性越好，加劇財富流向更有錢的地方。

隨著社會發展，創業成功的機率越來越低。

換句話說，未來大部分人無論怎麼努力，只能賺辛苦錢。這是網際網路發展的必然，也是人類發展的必然。

管理大師彼得．杜拉克（Peter Drucker）有個觀點：未來人類想要繼續好好生存，成功的定義必須修改。

的確是這樣，如果我們還是以賺多少錢來定義成功，那麼很多人都將找不到人生的意義，從而引發集體憂鬱和焦慮。

然而，隨著平臺企業不斷崛起，平臺也將成為國家維護社會秩序的工具之一。

怎麼維護社會秩序呢？

平臺實行的是「演算法推薦」機制，演算法的本質是讓每個人都有機會展示自己的才華，亦即各盡其才，各歸其位。演算法會在無形中平衡每個人的收入，而不會把資源全部集中到少數人身上。

雖然今後絕大部分人只能賺辛苦錢，但機會依然存在，且是均等的，社會將越來越公平。

人與人之間的差異將越來越大，因為未來每個人身上的標籤將更加清晰。未來人與人最大的區別不再是財富，而是價值，比如唱歌、跳舞、寫作、表演、科研、律師、醫生等。這就是個人崛起，也是下一輪經濟大繁榮的根本驅動力。

按照這個趨勢發展下去，未來社會一定會越分越細，因而每個人都要學會不斷挖掘自己的價值。

01・消費者需要的是「情緒安慰」

這個時代大眾需要的不是各種商品，而是情緒安慰。「資訊繭房」和「精準推播」讓大眾看不清真實的世界，於是商家很容易刺激消費者的味蕾，從而獲取巨大收益。

諾貝爾經濟學獎得主羅伯・席勒（Robert J. Shiller）在《非理性繁榮》（*Irrational Exuberance*）一書中提到：最容易驅動市場的往往是「情緒」，而非價值。因為大眾是非理性的，製造情緒在大眾之中相互傳染，能使市場迅速走向繁榮。

因此，所有的商家和平臺都在利用人性的弱點賺錢，我們越寂寞，他們越刺激我們的情緒去消費。短影音和直播的誕生，更加大了平臺對消費者情緒的刺激。直播主聲情並茂的表演，讓大眾澈底陷入情緒化消費的狀態。

在殘酷的現實面前，我們選擇「苟且偷生」，全身心投入娛樂和消費主義的懷抱，在「買買買」中自欺欺人或忘乎所以，在娛樂中紙醉金迷、享樂沉溺。

只要能抓住消費者在人性上的弱點，賺錢將越來越容易。

02．網路娛樂產業將越來越發達

人類逐漸拋棄一切深刻的東西，包括文學、哲學、思想等，因為這些東西太沉重了。生活已經很苦，人們不想一直心懷苦怨地生活下去，於是不斷尋找可以麻醉自己的東西。

以直播、短影音、遊戲為代表的網路娛樂產業將越來越發達，因為這些東西可以讓人快樂，哪怕是短暫的，且由於內容不停更新，刺激不斷增加，許多人不自覺沉迷其中。

03 · 賺錢的六種境界

第一種是賺「資訊」的錢：我知道了，你們還不知道。

第二種是賺「認知」的錢：我懂了，你們還不懂。

第三種是賺「執行力」的錢：你們都懂了，但是我行動比你們快。

第四種是賺「資源」的錢：你們都行動了，但只有我有資源。

第五種是賺「核心競爭力」的錢：你們什麼都有，但是核心產品在我這裡。

第六種是賺「名聲」的錢：只要我一亮相，什麼都是我的。

04．你要麼做第一，要麼做唯一

網際網路時代，就是「數一數二」，「不三不四」。
如果一件事你沒有決心要超過這個領域百分之九十九的人，就不要去做。
直到你能找到這件事為止。

05・未來的世界，不會有安逸的生活

每個人都像在大海上航行的小船，海面波濤洶湧，浪頭不斷來襲，選擇安逸生活的人，一定會被巨浪掀翻。

現今的社會上，沒有一種商業模式可以長存；沒有一種競爭力可以永恆；沒有一種資產可以穩固。

無論你是多麼厲害的人，總有一種革新能威脅你。比如機器人取代藍領，人工智慧取代白領。

所以，我們必須隨時做好各種準備和防範，靜觀其變。奮鬥，才是人一生恆定不變的主題。

誰要是停下來享受生活，就會被超越。所以，無論你有多少成就、多高的地位，都不能選擇安逸，必須時刻準備戰鬥。

06．唯有專注才能打開生存之路

現在已經不是靠耍嘴皮子就可以搞定客戶的時代了。
現在已經不是靠大膽承諾就可以搞定對象的時代了。
現在已經不是靠自吹自擂就可以吃遍天下的時代了。
這是一個極簡、極真、高效的時代，你必須在最短時間內拿出真功夫，直達事物的本質。
這個時代，人的心智越來越成熟，早已見慣各種伎倆，面對五花八門的不實手段，顯得越來越理性，越來越淡定。一切都在變：
你的消費者變得更有品味。
你的客戶變得更加謹慎。
你的戀人變得更加務實。
你的朋友變得更為簡單。
於是，你只有一個出路，那就是——變得更專注。

07．聰明的人只適合聊天，可靠的人適合一起做事

過去，我們讚揚一個人，會說他很善良、聰明或者能力很強。而現在，我們讚揚一個人會說——可靠。

過去的社會有一種人很受歡迎，就是能說善道、八面玲瓏的人，他們很會做人、能搞定人，所以很得人心。

而如今，這些很會耍各種手段的人，越來越寸步難行，因為大眾見太多喜歡打嘴砲的人，已經有免疫力。

有一種人，你跟他聊天會覺得很舒服，因為他很擅長揣摩你的心思和意圖，然後無限附和你，而且輕下諾言，讓你感到很開心。

不好意思，這樣的人往往只適合聊天。他們往往讓你一見如故，再見平淡，三見就索然無味了。

08・世界上最強的兩種商業模式

第一種是把一個東西做到極致，客戶排隊等著買，比如蘋果手機。

第二種是賣各種東西給所有人，比如購物網站。

第一種是傳統思考模式，第二種是網際網路思考模式。

其他類型，基本上都介在這兩者之間。

09．從現在開始，所有的品牌立意都要重來

做高端品牌，要帶點上帝般的傷感，悲天憫人，隱約透露一絲悲涼。

做中端品牌，要幫助中產階級跟世界和解，努力透露一絲淡定。

做低端品牌，要幫底層階級體現歡快感，竭力展現他們朝氣蓬勃的生活。

做年輕潮牌，要體現年輕人的叛逆，展現恨不得隨時掀桌走人的憤怒。

10．未來最好的投資是自我投資

個人發展有一個規律：短線拚機遇，中線拚能力，長線拚熱情。

過去，一個人的興趣和賺錢往往是分開的，然而當社會高度繁榮之後，每個人必須依靠個人興趣賺錢，變外求為內求。

未來每個人的當務之急，是找到自己、認識自己，並成為最好的自己。未來最好的投資是自我投資，是對自我的深度發掘，以期更加精準定位。

越能做到這一步的人，越不需要依附某個公司，他們可以利用網際網路獲得巨大影響力和資源而迅速崛起，成為「超級個體」。

人的財富就像投資品價值一樣，存在「均值回歸」。那個「均值」，就是你的衝動，你的熱愛，你的理想。

未來是自由度越來越高的時代，社會框架越來越少，每個人都會越來越接近自己最想成為的模樣。

決定每個人最終歸宿的，一定是能力和欲望綜合而成的那個自己。

11．未來社會，最值錢的東西是個人*IP*

未來社會，最值錢的是你的資源嗎？

不是！

是你的能力嗎？

也不是！

是你的「信用值」和「影響力」！

商業高度繁榮之後，所有的資源都公開透明，所有的管道皆是共用，沒有你能獨占的資源。

同時，未來是大數據時代，數據運算能力發揮的作用將遠遠大於個人能力，很多事都是靠數據決策，而不是靠個人能力決策。

社會發展到這一步，人與人最大的區別就是「信用值」和「影響力」。

什麼是影響力？

你說話是一百個人聽，一千個人聽，還是一萬個人聽。

什麼是信用值？

你說的話是一百個人相信，一千個人相信，還是一萬個人相信。

這才是未來人與人的根本區別。

就像無論是百元或千元鈔票，印刷成本都一樣，兩者價值的區別取決於發行的中央銀行賦予的信用值，儘管只是一個數字。

請問，你的「信用值」是多少，是靠什麼背書，有多少人承認？

過去，我們穿的衣服、開的車子、住的房子，是用來證明自己的「信用值」，因此過去大家都喜歡用奢侈品、開豪車、住豪宅。

未來，我們的標籤、圈子、粉絲量、信用值，才是我們最具價值的東西，這些可以統稱為「個人IP」。

12．商業的兩種價值觀

第一種，利用資訊不對稱，趁客戶還看不懂真相和價值的時候，把他們唬得一愣一愣，然後搶占其心智，操控其行為。

第二種，努力讓資訊對稱，反覆教育客戶，讓他們看懂真相和背後的價值，然後他就一定會選擇你，跟隨你。

第一種需要強大的包裝能力，強大的銷售能力，且必須防止客戶的認知升級，讓他們維持「巨嬰」的狀態。

第二種是靠實力，首先得把自己的產品和服務做到極致，然後還要有足夠的時間陪客戶成長。

第一種是撈一把就走，投資少回收快的發財。

第二種是細水長流，是長期主義，是延遲滿足。

第十四章

現在與未來的七大生存法則

宇宙就像一個程式，
有自己的運行秩序，
生生不息、井然有序。

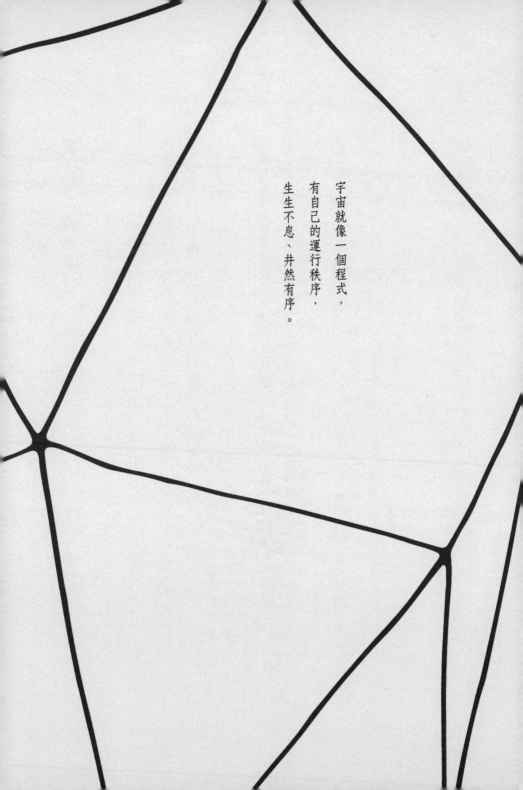

萬法歸一的「道」

宇宙就像一個程式，有自己的運行秩序，生生不息、井然有序。人類社會也必須按照這個規律發展，這個規律也可以稱為人類社會的「道」。

世間所有成功，都是因為遵守「道」；世間所有失敗，都是因為違反「道」。

我們為什麼要學習各種常識？包括歷史、地理、數學、物理、化學等，就是為了從這些常識中找到事物之間普遍的聯繫，越能搞懂這些邏輯，越接近「道」。

越熟悉「道」的人，越容易成功。人一旦「得道」，順應規律辦事，踩準每一個變化節點，就可以一帆風順。

序位法則——依價值最優的序位排列組合

老子說：「人法地，地法天，天法道，道法自然。」

孟子說：「父子有親，君臣有義，夫婦有別，長幼有序，朋友有信。」

這些都告訴我們萬物皆有序列。

每個人各就其位，各按其時。且最終都會回歸到自己的位置，這也可以說是價值回歸原理。

無論是世界還是國家，家庭或者公司，每個人都必須找準自己的位置，這就是「長幼有序」、「萬物有歸」。不管是否故意，人一旦違反序位法則，就會產生很多問題和矛盾，直到回歸序位為止。

比如，在中國經濟的上半場，大家野蠻生長，膽子大的淘汰膽子小的，每個人都只顧埋頭賺錢，不管定位，也不需要定位，只要蠻幹就能賺錢。然而最近這兩年，經濟趨勢開始下滑，錢沒那麼好賺了，但人反而回歸了。這是好事，因為漲潮的當下，每個人都不顧自己的初心和定位，等到退潮，大家都必須低下頭來尋找自己的位置。

中國經濟進入下半場，下半場就是「眾人歸位」的過程，每個人都必須找到自己的位置，一旦重新調整好布局，中國經濟必將迎來新的飛躍和增長。

房子、股票、虛擬貨幣、估值、市值等，都會經歷這個過程。很多財富都不過是黃粱一夢，一旦進入價值重塑期，所有資產都會價值回歸。

世間萬物一定會朝價值最優的序位排列組合。

人生就是一場不斷認清自我的過程，無論你經歷多高的巔峰，最後總會回歸最真實的自己。

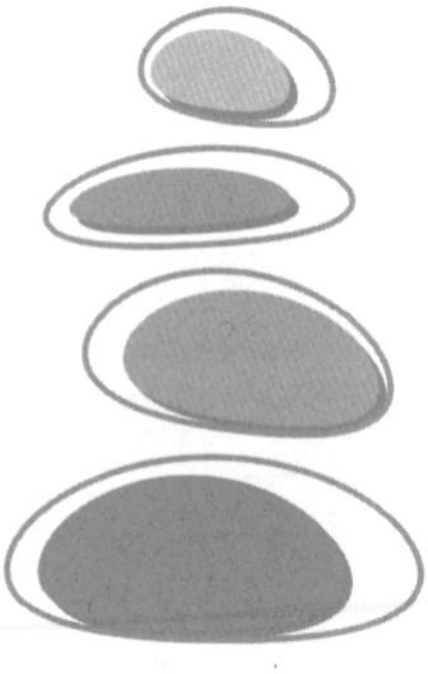

平衡法則——每失去一件東西都會有所收穫

平衡是宇宙最重要的規律之一，世界始終以微妙又獨特的方式維持著平衡。

比如「喝牛奶」定律：一個天天喝牛奶的人，無論喝的牛奶有多好，他的身體永遠比不過天天為他送牛奶的小販。同樣的道理，一個天天送牛奶的人，無論多麼賣力工作，他的收入永遠比不過天天在家裡喝牛奶的客戶。

這就是神奇的平衡法則。

又比如「苦難守恆定律」：苦難是人生的基本特徵，每個人一輩子吃苦的總量是恆定的，既不會憑空消失，也不會無故產生，只會從一個階段轉移到另一個階段，或者從一種形式轉化成另一種形式。所以，你當下越是選擇逃避，越得在未來犧牲更大的代價對付苦難。

平衡法則的另一個表現是：某方面的不足，必然會在與之相對應的方面出現多餘。

比如「識不足則多慮」，一個人見識不足，就會過度擔心很多事情，提心吊膽，沒有安全感。就如楊絳所說：「你的問題在於想得太多，而書讀得太少。」所以人們的焦慮往往是自己見識淺薄造成的。

再比如「智不足則多疑」，一個人認知不足，就會對很多沒見過的東西半信半疑，總是懷疑一切，裹足不前，從而錯過很多重大的機會和人。

還有「度不足則多怨」，一個人的度量、格局不夠，能看到的都是不公平，就如二十樓看到的是風景，三樓看到的是垃圾。長此以往會導致內心偏激，充滿憤恨和不滿，整天抱怨和哀嘆。

還有「愛不足則多情」，一個人內心缺乏關愛和理解，往往會從他處尋求補償，企圖找到另一個人的愛承載自己的寄託。這不叫愛，而是心理補償，也是很多悲劇的根源。

世界就是一座天平，你每擁有一件東西，就要為你的擁有而付出代價。相應地，你每失去一件東西，也會因你的失去而有所收穫。

匹配法則——得到與你能力相匹配的東西

每個人只能得到和他能力相匹配的東西，一旦擁有的東西超過自己的能力、貢獻，就會為自己留下禍患。

比如，一個人的地位不能大於貢獻，一旦你的地位很高，但貢獻無法與之相匹配，必然引起周圍人的不服、妒忌，甚至被算計。

一個人的職位不能大於能力，一旦你的職位過高而能力不夠，代表你行使能力之外的權力，必然會為自己的坍塌埋下伏筆。

《朱子治家格言》說：「德不配位，必有災殃。」

《周易．繫辭》說：「德薄而位尊，知小而謀大，力小而任重，鮮不及矣。」

一個人永遠只能享受和他的能力相匹配的東西。

整體法則——條條大路通羅馬

任何一樣東西都既是世界的縮影，又是世界的全部。

比如我們可以透過個體窺見整體，中醫耳穴針灸就是透過耳朵或手掌來診斷與治療全身。

比如太陽系中金星、木星、水星、火星、土星的運轉和人體五臟六腑的協作本質上是一樣的；人的脊椎有二十四節，一年有二十四個節氣。

我們從一滴水看到整片大海，就是整體法則的極致。世界上沒有一件事物是獨立的，世界就像一個大房間，有無數的門，從任何一扇門都能進入這個房間，也可稱之為「法門」。

比如《易經》有「象數義理」四大法門，這四個法門就是研究《易經》的四個途徑。圖像、數字、道義、理論等，是我們探究世界真相的途徑。

任何一個角度、途徑、切入點，都是通向世界奧祕的鑰匙。我們只需要選擇適合自己，能發揮所長的那條路即可。

二八法則——掌握百分之四的問題核心

事物百分之八十的問題是由百分之二十的矛盾帶來的，而這百分之二十的矛盾中也有一個核心。如何抓住矛盾的核心，就要從百分之二十再抓出百分之二十，亦即百分之四。這百分之四就是問題的核心！掌握核心，一切迎刃而解。

高手跟普通人的區別，就是找到這百分之四。高手的高明之處在於擅長集中自己百分之八十的精力，去應對這百分之四的問題核心！

處理好最核心的問題，其他就可以順水推舟。完成這件事就像推倒第一塊骨牌，我們要不斷為自己製造骨牌效應（Domino Effect）。

大多數人失敗，是因為他們自始至終沒有找到這個應該聚焦的核心。

而為什麼偏執狂更容易成功？因為他們總把注意力聚焦在一個目標上。

一定要找到屬於你的百分之四。

你的時間很有限，很值錢，只能將時間分配給最重要的人、最重要的事。集中一切優勢兵力和砲火，朝最核心的重點開砲。

重複法則——歷史的錯誤總會不斷重複

歷史總是驚人地相似，世界也不斷重複。

如果對比古代和今日的許多事，就會發現一個規律：歷史從未過去，歷史永遠不斷輪迴。如果讀懂了歷史，也就讀懂了未來。

太陽底下沒有新鮮事。現在正在發生的、將來還會發生的事情，過去都已經發生過。

我們所遇到的問題，哪怕再匪夷所思，前人都遇見過。那麼，從歷史中學習那些真正厲害的人所遇到的事，所做出的選擇，對我們將有更多啟發。

比如各種龐氏騙局（Ponzi scheme），在世界上已經流行幾百年，無數前人上當，但龐氏騙局仍被後人不斷翻新和包裝，而且每次依舊有人上當。

人類口口聲聲說要吸取歷史教訓，其實人類從來不會吸取教訓。

人類為何不停地重蹈覆轍？因為人性從未改變。

對沖法則——局部的惡是為了整體的善

人類社會每產生一個不公平的現象，都會對應地產生一種反抗的形式，兩者互相對沖，以保證結果公正。

老一輩的語重心長對年輕人說：「別玩那些區塊鏈、比特幣什麼虛擬的東西，人生應該腳踏實地，比如認認真真上班，然後買個房子、娶個老婆，多好。」

然而年輕人卻回答：「你們這些老人就知道糊弄我們，這些年經過你們不懈的努力，把幾萬成本的鋼筋水泥，搞成幾十萬元一坪的房子；如果我們不再另謀出路，把一堆堆數字和字母搞到幾十萬元一串賣給你們，我怎麼買得起你們的房子，怎麼對得起這個時代？」

看懂了嗎?兩代人的荒唐就這樣對沖了。其實每代人都有自己的機會，每代人也都有自己的無奈，但是荒唐永遠合理並存。

當一件產品的價格設置不夠合理，嚴重偏離其使用價值，就是某種形式的

「假貨」，比如昂貴的奢侈品。

再比如購物網站上，山寨產品橫行，價格戰越來越激烈，但這也是和奢侈品的對沖。

奢侈品則為了能夠躺著賺錢，利用人性的虛榮，再加上文化植入、稀有性等，把價格設置得非常高，是一本萬利的生意。

奢侈品的存在之所以合理，是因為很多人願意為這種高價買單，為了滿足人的虛榮。但廉價產品的存在也合理，因為廠商以更低的價格做出類似的產品，滿足了底層人民消費的需求。

奢侈品可以把百元成本的東西賣到萬元，為什麼不能有人把十元成本的東西，賣到十一元？

一切局部的惡，都是為了整體的善；一切局部的不和諧，都是為了整體的和諧。凡存在就合理。

一切財富和變化都是外物，你在過程中形成的格局和心境，才是自己的。

未來的七大生存法則

一是與其擁有更多物質，不如擁有更多時間。

很多人雖然日進斗金，但是被各種事務纏身，時間都消耗在應酬、會議、拜訪客戶上。在這種狀態下，賺再多錢也不會有幸福感。

二是與其依賴公司，不如依賴個人實力和影響力。

一個人唯有實現獨立自主，才能海闊憑魚躍、天高任鳥飛。

三是與其提高薪水，不如打造個人品牌。

未來是個人崛起的時代，早一天樹立個人品牌就能早一天實現自由。

四是與其賺更多錢，不如讓自己更值錢。

賺錢會越來越辛苦，值錢則可以讓自己越來越輕鬆。

五是與其一味推銷，不如提供幫助。

一味推銷只能讓你離不開他人，提供幫助則會讓他人離不開你。換個角度，峰迴路轉。

六是與其服務更多人，不如服務更優秀、更少的人。

與其提供更多產品，不如提供更優質的服務。

七是比數量的時代已經過去，未來拚的是品質，是縱深化發展。

寧可把時間和重金砸在一件事上，也不要花在很多無謂的事上！

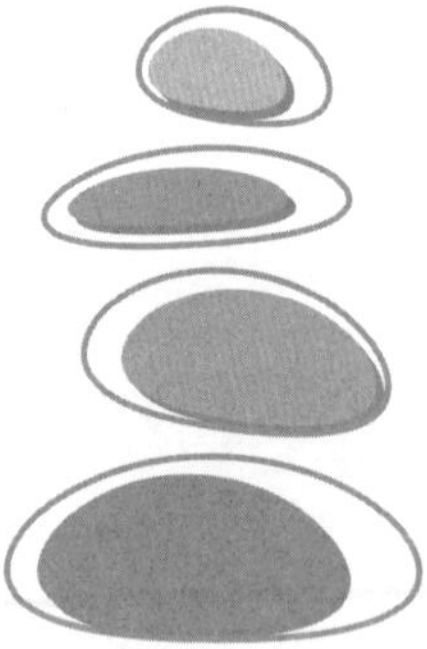

守住初心、遠眺理想是立於不敗之地的根本

神通敵不過業力，業力大不過願力。

神通就是方法、技巧、工具，包括各種手段、捷徑。

業力就是創造的價值、幫助過的人，積下的恩怨。

願力就是內心深處的嚮往、原動力、初心和理想。

一個人的能力再強、智商再高，都抵不過他做過的事帶來的影響。

同樣的邏輯：

一個人的過往再好、功勞再高，都抵不過他的正心、正念帶來的影響。

高寶書版集團
gobooks.com.tw

RI 372
社會叢林的生存守則
14 個大人必備濾鏡，幫你看清人生、職場、商場、關係的真相

作　　者　水木然
特約編輯　余純菁
助理編輯　陳柔含
封面設計　黃馨儀
內頁排版　賴姵均
企　　劃　鍾惠鈞

發 行 人　朱凱蕾
出　　版　英屬維京群島商高寶國際有限公司台灣分公司
　　　　　Global Group Holdings, Ltd.
地　　址　台北市內湖區洲子街 88 號 3 樓
網　　址　gobooks.com.tw
電　　話　（02）27992788
電　　郵　readers@gobooks.com.tw（讀者服務部）
傳　　真　出版部（02）27990909　行銷部（02）27993088
郵政劃撥　19394552
戶　　名　英屬維京群島商高寶國際有限公司台灣分公司
發　　行　希代多媒體書版股份有限公司 /Printed in Taiwan
初版日期　2023 年 04 月

原書名：《人間清醒》

國家圖書館出版品預行編目（CIP）資料

社會叢林的生存守則：14 個大人必備濾鏡，幫你看清人生、職場、商場、關係的真相 / 水木然著. -- 初版. -- 臺北市：英屬維京群島商高寶國際有限公司臺灣分公司，2023.05
面；　公分.--（致富館；RI 372）

ISBN 978-986-506-701-4（平裝）

1.CST: 人生哲學　2.CST: 自我實現　3.CST: 成功法

191.9　　112003971